普拉提床拉伸训练
解剖图解

[澳] 安东尼·莱特（Anthony Lett） 著
林家琪 王立娟 杨挺 艾拉团队 译

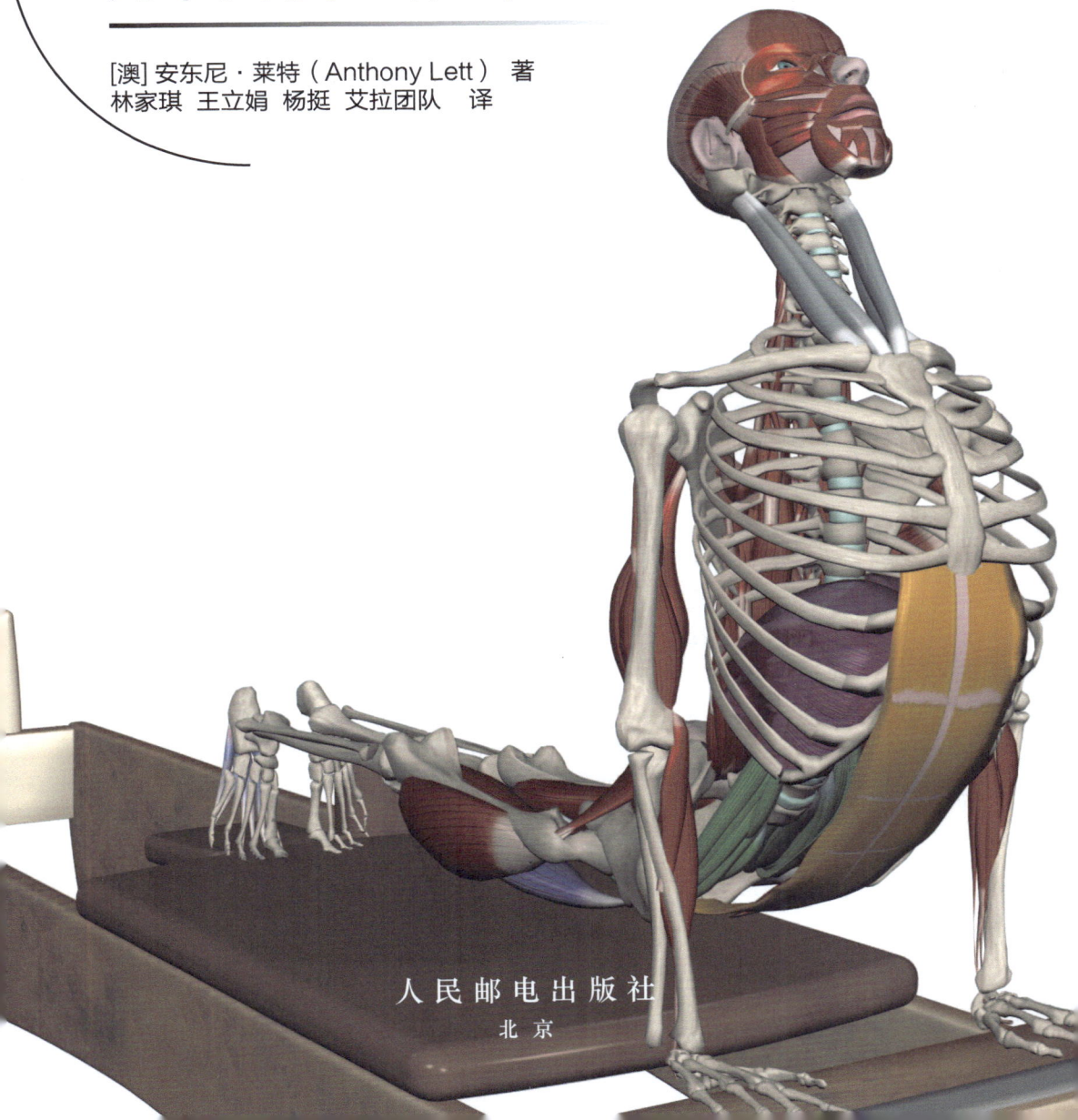

人民邮电出版社
北京

图书在版编目（CIP）数据

普拉提床拉伸训练解剖图解 / （澳）安东尼·莱特
（Anthony Lett）著；林家琪等译. -- 北京：人民邮电
出版社，2025. -- ISBN 978-7-115-65546-2

Ⅰ. G883-64

中国国家版本馆 CIP 数据核字第 2024LE4845 号

版 权 声 明

免 责 声 明

　　本书内容旨在为大众提供有用的信息。所有材料（包括文本、图形和图像）仅供参考，不能
用于对特定疾病或症状的医疗诊断、建议或治疗。所有读者在针对任何一般性或特定的健康问题
开始某项锻炼之前，均应向专业的医疗保健机构或医生进行咨询。作者和出版商都已尽可能确保
本书技术上的准确性以及合理性，且并不特别推崇任何治疗方法、方案、建议或本书中的其他信
息，并特别声明，不会承担由于使用本出版物中的材料而遭受的任何损伤所直接或间接产生的与
个人或团体相关的一切责任、损失或风险。

内 容 提 要

　　本书提供了针对小腿、腘绳肌和髋伸肌、髋屈肌和股四头肌、臀肌、内收肌、脊柱、上肢和
肩部这几个身体区域的普拉提床拉伸练习，以及以分腿姿势进行的普拉提床拉伸练习，这些练习
由作者基于多年的普拉提研究和实践经验总结而来，既包括经典练习的变式，也包括创新练习。
针对每个练习，本书提供了图文讲解、适用人群、弹簧强度、目标肌肉、注意事项等信息。本书
还包含了大量的肌肉、骨骼解剖图，清晰呈现动作过程中目标肌肉的变化，帮助读者形成对动作
结构和原理的更深层次的理解。无论你刚刚开始自己的普拉提之旅，还是已经练习或教学普拉提
多年，本书都能为你提供宝贵的指导，让你以全新的眼光看待普拉提床拉伸练习，并快速掌握安
全、高效进行这些练习的方法。

◆　著　　　　［澳］安东尼·莱特（Anthony Lett）
　　译　　　　林家琪　王立娟　杨　挺　艾拉团队
　　责任编辑　王若璇
　　责任印制　彭志环
◆　人民邮电出版社出版发行　　北京市丰台区成寿寺路 11 号
　　邮编　100164　电子邮件　315@ptpress.com.cn
　　网址　https://www.ptpress.com.cn
　　北京七彩京通数码快印有限公司印刷
◆　开本：700×1000　1/16
　　印张：12　　　　　　　　　　　　2025 年 8 月第 1 版
　　字数：214 千字　　　　　　　　　2025 年 11 月北京第 2 次印刷
　　　　著作权合同登记号　图字：01-2024-0787 号

定价：78.00 元
读者服务热线：(010)81055296　印装质量热线：(010)81055316
反盗版热线：(010)81055315

C目录
ONTENTS

推荐序

安东尼和他可爱的妻子肯伊（Kenyi）是两位充满活力的普拉提教师，他们为专业的普拉提教师编写了一本精美的综合图书，并配有插图。

　　我是在 2015 年 5 月的国际普拉提传承大会上认识安东尼·莱特（Anthony Lett）的，当时他以演讲人身份出席大会，该大会是我在 2011 年创立的。我也阅读了他的上一本书《创新普拉提垫上训练对健康和幸福的影响》（*Innovations in Pilates Matwork on Health and Wellbeing*），对他对普拉提方法的理解、尊重和热爱深感敬佩。

　　这本新书《普拉提床拉伸训练解剖图解》配有高质量的彩色实拍图和解剖图。最重要的是，书中收录了我的老师约瑟夫·普拉提（Joseph Pilates）演示动作的旧照片，其中许多是我以前没有见过的。莱特先生和迪亚斯（Diaz）夫人针对身体的特定区域，提供了在普拉提床上伸展和强化这些部位的动作练习。他们为许多传统的动作练习提供了新的解读视角，还加入了富有创意的创新动作练习，这将最大限度地提高你对这一奇妙器械的使用效果。书中解剖学方面的讲解简单易懂，对所有教师和学生都很有教育意义。

　　作为一个有着 25 年经验的专业芭蕾舞演员和 59 年身体运动经验的个体，我希望给大家带来以下几个提示。

- 在做拉伸训练前一定要先热身。
- 不要拉伸到极限，这可能会造成严重的损伤。
- 柔韧性过好的舞者、体操运动员、运动员等，在使用这本书时要注意避免过度拉伸。在达到最大拉伸限度之前，请停止动作。
- 不要让别人给你拉伸，除非他是你的教师或熟悉你身体的人，以免被施加过度的力。

　　祝愿所有的读者在阅读和使用这本书的过程中获得良好的体验和乐趣，享受书中的动作练习。这本书将成为你书库中宝贵的参考资料。

洛利塔·圣米格尔（Lolita San Miguel）

前言

"如果你不能简单地解释它，那就是你没有很好地理解它。"

——爱因斯坦（Einstein）

我在编写这本书时极力遵循上面这句话的核心思想，力图使用简洁的提示和精准的图像，以尽可能简单的方式解析较为复杂的生物力学关系。而系列书籍的第一本书——《创新普拉提：普拉提床上的治疗性肌肉拉伸》——则采用了以文字为主的呈现方式，这本书可以视作它的图解版本。这本书对相关知识和技能的呈现是否过于简单？我认为答案是否定的。它只是将相关的知识和技能以更符合一些人学习习惯的形式呈现出来。通过被我称为"宜家测试"的简单测试，你就能很快辨别出自己是否属于该群体。当你组装宜家家具或其他类似的家具时，你是仔细阅读说明书后再动手，还是看完所有图片后就动手？如果你选择了前者，那么你可能属于思考派阵营。

如果你依赖图像，你的大脑可能会有一些不同的"线路"，那么这本书就是为你准备的。要想真正掌握某些知识或方法（如让你的"宜家衣柜"保持稳定的方法），最好的方法是二者都做。但是，由于拉伸、身体锻炼和个人发展是一个复杂

的、非线性的过程，所以要从你觉得更容易接受和"正确"的地方着手。

于我而言，同系列的另一本书让我以文字形式展现了我认为我知道的东西；6 年来，通过数以百计的工作坊、演讲和课程，我获得了更多知识。将知识以不同的风格呈现，对我来说很有意义。

我选择本书呈现方式的另一个原因是，并不是每个人都想读一本关于拉伸的专业论著。在过去的 5 年里，我根据第一本书中的内容在世界各地开设工作坊，才得知许多人根本没有读过第一本书！那么，什么是明智的选择呢？强迫读者读一些不符合他们学习风格的东西，比他们想要的更难或相较于他们的理解水平更难的内容，还是采取不同的途径，以对他们来说更容易接受的形式提供信息？在这本书中，我选择的是后者。享受简明的、核心的、可视化的方法。这是一种"先品尝食物，后阅读食谱"的方法。

以下是关于历史图片的说明。书中所收录的约瑟夫·普拉提和他的妻子克拉拉（Clara）的老照片，让你仿佛穿越时空，见证普拉提最初的模样。你会看到一些创新内容的前身。虽然这些照片的质量不一定好，但它们会将你与约瑟夫·普拉提联系起来，并可能让你对他的个性和他的故事有一些了解。

导言
A 部分

这本书是关于什么的？如果你还没有注意到，那么我可以告诉你这本书是关于如何提高你的柔韧性、关节活动度（Range of motion，ROM）或灵活性的。虽然在定义上这些术语略有差异，但对我来说它们本质上讲的是同一件事。在任何情况下，大家都明白在实际应用中拉伸是什么，而我更喜欢将肌肉和筋膜分开处理。事实上，更令人困惑的问题似乎是"拉伸有什么用"和"哪种方法最能增加关节活动度"。

在我关于普拉提床的书中，我列举了许多拉伸的益处。这个清单很长，可以从不同的角度来看：生理、心理、生物学、生物力学、神经、激素、免疫、运动和精神等。而且新的研究还在不断扩展这个清单。为了保持本书的简洁，我只说拉伸有巨大的好处（好奇的读者可以查阅本书结尾处提供的一些参考资料）。

我最喜欢的一个说法是"有氧运动会让你保持生命，而拉伸会让你的生命更有意义"。我想，你也可以用力量训练代替有氧运动。拉伸将改善你生活的质量，而不仅仅是延长生命。通过本书介绍的拉伸方法，生活中的基本动作模式，如弯腰、下蹲、拉、推、扭转、转身和伸展等，都可以随着年龄增长而得以保持，甚至改善。虽然我还没有到老年，但我相信，随着年龄的增长，我能够四处走动并且相对无痛地完成活动，这无疑会让我更快乐地活着。因此，请对后文的动作练习（在我的工作室对成千上万的客户进行了20多年的测试）和现有的相关研究多一些信任，这些都将为你的生活带来一些非常显著的好处。

在本书末尾列出的许多书将为拉伸练习有益提供强有力的论据。我只想提出两个问题。

第一个问题是，不应仅仅局限于生物力学的讨论。身心医学领域同样提供了大量的研究和数据，支持静止、呼吸、瑜伽、冥想和拉伸等实践能够有效地对抗慢性压力的影响。

世界卫生组织认为，在发达国家，70%至80%的就医者受到了压力的影响。拉伸不仅有助于平衡身体肌肉和关节的生物力学应力，还可以发挥更大的作用。想要进一步了解这个主题，可以从赫伯特·本森（Herbert Benson）的书《放松反应》（*The Relaxation Response*）开始。

第二个问题是，大众媒体围绕拉伸的许多讨论与拉伸对运动表现的功效有关。具体来说，拉伸是否能改善运动表现和减少损伤？同样，有大量的数据支持拉伸在这两方面的作用。

难点在于，这个问题需要进行一些深入的探讨……而深度并不是大众媒体所擅长的。此外，人们还需要了解一些研究的有效性。最后，人们需要对这个问题本身提出质疑。

拉伸运动是否能改善运动表现，这很重要吗？毕竟，大多数 25 岁以上的人参加体育运动最重要的目标基本都不是卓越的运动表现。难道不是确定拉伸运动是否能改善一个人到老年时的生活质量更重要吗？尽管在测量这一结果方面存在困难，但我们都知道它确实可以。

我们是否经常问有氧运动能否改善运动表现？当然，对于某些体育运动，我们知道它可以；但这个问题与数以百万计的慢跑、骑自行车、游泳和跳尊巴舞的人无关，他们或者是为了好玩，或者是为了整体健康，而不考虑它是否能提高任何竞技体育领域的表现。

普拉提为什么需要创新?

"始终牢记,你感兴趣的不仅仅是发达隆起的肌肉,而是灵活的肌肉。"

——约瑟夫·普拉提,《你的健康》

（*Your Health*）

关于创新普拉提及其发展的详细历史可以在我先前的关于普拉提床的书中找到。现在,请允许我给你一些见解。约瑟夫·普拉提对提升柔韧性有着浓厚的兴趣,然而现今人们却对他这方面工作的兴趣开始减弱,这是我不希望看到的。为什么呢?因为柔韧性是人类的一个重要特质,在今天这个久坐的数字世界中,柔韧性实践比以往任何时候都更加重要。

柔韧性是普拉提方法的核心之一,仅凭这个原因就值得被重视。此外,许多传统普拉提练习需要足够的柔韧性才能完成。从这个角度看,创新普拉提可以被看作为那些想学习普拉提的身体僵硬的人提供的一种"预普拉提"形式。如果你对更高级的普拉提动作感兴趣,它也可以作为学习更高级动作的前期准备。

根据

约瑟夫·普拉提

的"门徒"罗曼娜·克里扎诺夫斯卡的说法,当被问及"什么是控制学(约瑟夫给他的方法起的名字)",约瑟夫会回答说:"它是伸展,结合力量和控制。"在他的《你的健康》一书中,普拉提写道:"控制学是为了使肌肉伸展,使你像猫一样灵活。"

为了继续这一主题,我们为您提供

"创新普拉提"系列图书

那么，我们在普拉提的创新方面都做了什么？

许多最初的普拉提练习对于今天的久坐人群来说太难，而且有可能存在安全隐患……

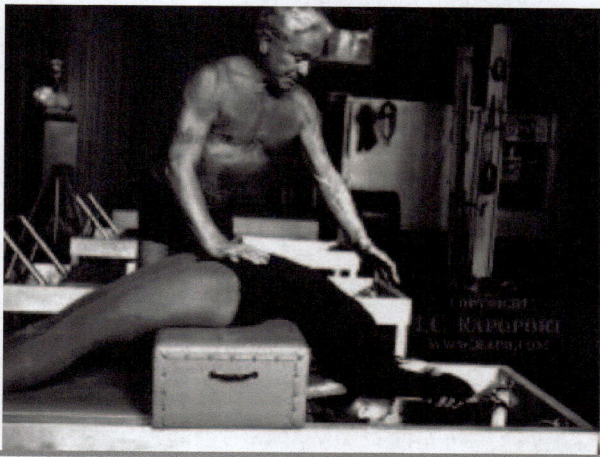

所以我们引入了一系列现代的改良和变化。

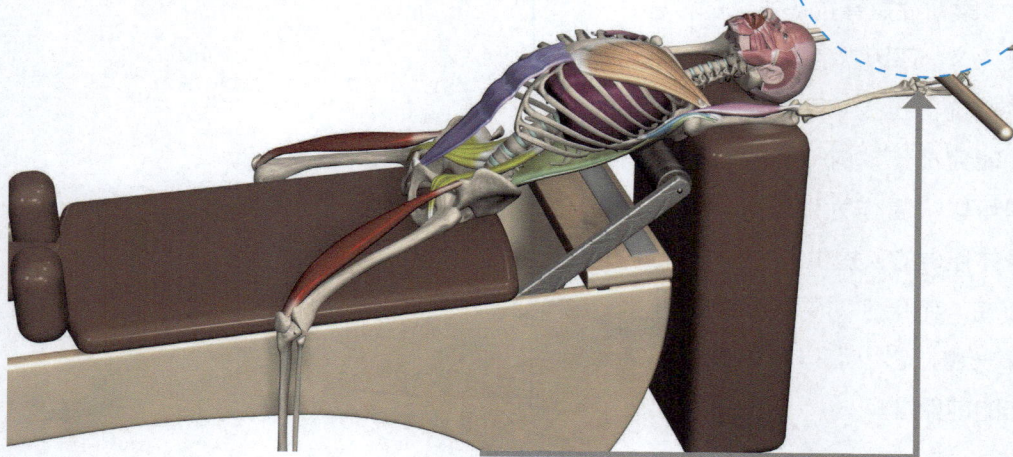

我们引入了一些物理治疗领域和运动科学领域的现代神经肌肉技术，以提高效果。我们称之为"古典的起源，现代的融合"（技术细节见后文）。

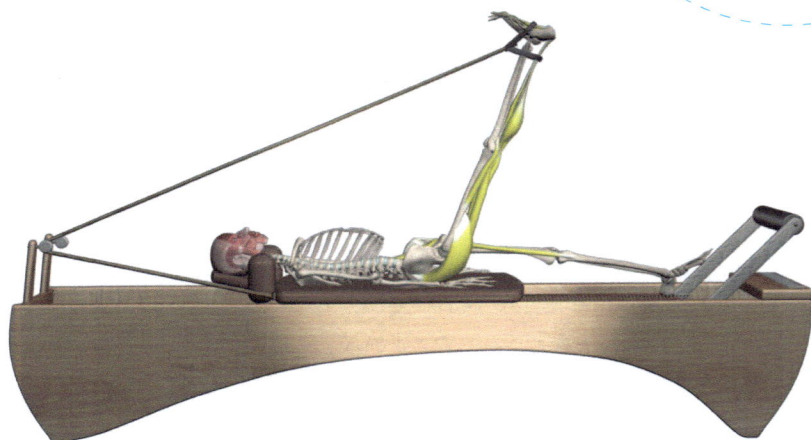

"脚用力压普拉提床，保持5秒的等长收缩，然后放松，再拉伸并保持60至90秒。"

我们放慢了拉伸的速度，以避免你的中枢神经系统产生反射性反应，从而影响最佳效果。

不要像上图中的约瑟夫一样快速完成动作，而要将一侧脚跟下压，保持90秒。研究表明，这种方式更安全，也能更有效地增加柔韧性。

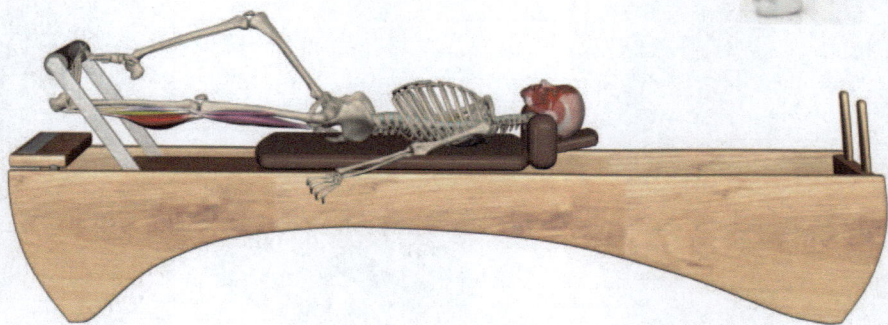

我们增添了一些之前没有的新的拉伸动作。

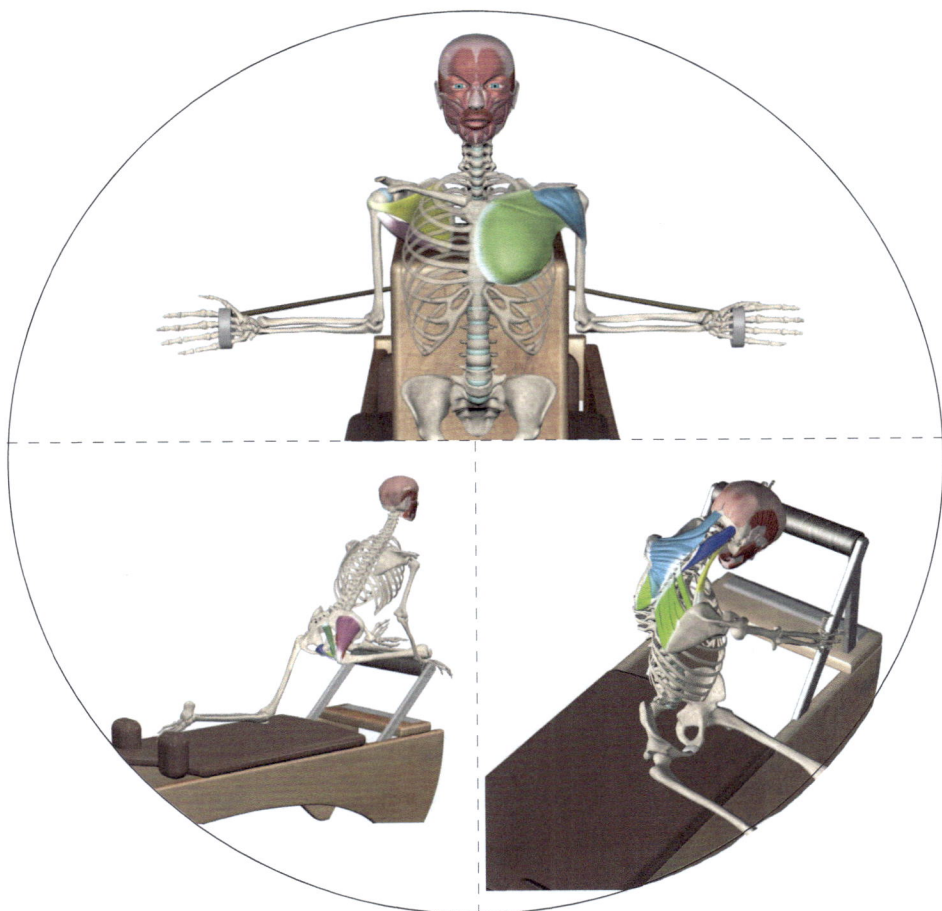

最终的结果是……

练习本书中的动作将帮助你为学习更高级的普拉提动作做好准备。如果你是一名教练，它将使你能够重新引入或增强普拉提中的拉伸元素，并且以安全和有效的方式进行训练。

无论你的兴趣是改善运动表现，还是仅仅想增加你的活动范围、摆脱疼痛，以及在生活中更加优雅和轻松地行动，我不知道有比拉伸更好的方法。如果有的话，我会欣然接受。

导言
B 部分

掌握正确的方法

"不要只教学生固定的训练方案，要教会他们理解；这样学生就能写出他们自己的方案——他们真正拥有理解。"

——安东尼·莱特

作为一名终身都在教学与学习的人，我相信，特别是在身体技能的学习中，老式的那种"对与错"模式，即由无所不知的教师进行口头纠正和身体调整的教学是有缺陷的。

学生需要的不是用勺子去"喂"事实或指示。事实上，太多的信息反而会阻碍他们。学生所需要的，尤其是在学习拉伸等身体技能时，是一位能促进他们自我探索的老师。学生提出问题并被鼓励去感受自己内在所发生的事情，比听老师的外在描述更加有效。

这种教学方式让学生不再过于依赖他人，不再只有外部的参照框架。随着时间的推移，学生会发展出具象的理解，他们自信地持有这种理解，并成为自己的老师。

但是，我们应如何在这种学习模式与本书中完美的动作照片和解剖学图片之间取得平衡呢？我们可以通过区分美学观感（事物的外观）和肌肉感受/体验（事物的感觉）来平衡。美学观感是我们开始的地方——浏览照片，阅读指导，并且试着模仿或参与其中。这给了我们一个参考框架，一个起点，并确保我们很可能在大致正确的位置感受到拉伸。

然后，转向肌肉感受/体验的维度。感觉如何？这种感觉来自哪里？这些是更关键的问题，远比你的动作与照片上的模特有多高的相似度更重要。在你的实践中问自己这些问题。这种探究方式将大大扩展你实践的广度。你可能会发现，你的腘绳肌很紧，但也有来自其他区域的感觉和感受值得探究。

在此补充一点，拉伸时的感觉没有所谓的"对"或"错"。有些人可能会"感觉到"，而其他人则不确定，但会试图说服自己有感觉。有些人会有别的感觉，想知道自己做错了什么，有些人会有这样的经历："我不知道我到底有什么感觉！"这都是可以的，也是正常的，需要被理解。治疗性瑜伽的创始人之一德斯卡查尔（Desikochar）经常说，对困惑的认知本身就是一种清晰的形式，而所有知识都始于这种认知。

以下是给教师的提示。频繁纠正并非没有风险。这可能会给学生留下这样的印象：他们需要被修正，他们的身体有问题或缺乏能力。事实是，没有两个身体是完全相同的。换句话说，没有人的单腿下犬式动作会和其他人的一模一样。没有一个统一的"正常"标准。

每个学生和他们的身体都是社会心理、生物化学和生物力学影响的独特组合。他们出现在你面前的是这些影响叠加在其独特遗传性特征上的个人适应性配置。这些都是你必须处理的差异。

我们也不要忘记，在这个世界上，我们被完美的形象所包围，而我们不需要在实践中继续传播这种观念。它导致了一种"评判性"心态，这是另一套让人感到失败的标准。在拉伸中，内在感受和外部形式一样重要。我们不要纠结于膝盖的角度。

正如我父亲在他作为教授和心理治疗从业者的工作中一直教导的那样，"对感觉的认识总是能为我们的理解带来有价值的贡献"。我相信这也适用于目前的情况。

● 对运动的描述

在整本书中，你会看到对动作的描述，如"髋屈曲""外展""外旋"等。在大多数书中，这一部分通常会配有展示运动平面的图。我决定不在本书中使用这一惯例，因为我认为，特别是在本书中，你将学会在运动的过程中理解这些术语背后的含义。

我们都知道，亲身体验是最好的老师。在需要的时候，通过使用本书中的图、内在探究、相关视频和工作坊，以及咨询一位好老师来精进你的练习。通过试着去运动你将更深入地了解动作。

● 普拉提床

约瑟夫·普拉提设计了许多设备。对于对历史感兴趣的读者来说，普拉提床的正式名称是"万能普拉提床"。约瑟夫的愿景是让每个人，在任何地方，都能使用它。普拉提床并不仅仅是为拉伸而设计的，但是就拉伸工具而言，我从来没有用过能与之媲美的设备。我希望传承约瑟夫关于"普及"的愿景，也就是说，我希望每个人，无论身在何处，都能开始拉伸这种改变生活的练习。

● 关于标准的说明（你应该做哪些拉伸运动）

柔韧性是特定于关节的。很少有人全身都是僵硬的，全身都灵活的人更是少之又少。考虑到这一点，将拉伸动作分为"初级""中级"或"高级"并不是没有问题的。例如，有时"高级"动作意味着你需要有一定程度的柔韧性才能够开始训练，其他时候，它可能意味着你需要一定程度的力量、平衡和身体意识作为前提条件。你可能会发现，你的某些身体部位很僵硬，而其他部位则不是。你也可以通过看书中的图片来直观地觉察这一点。

不管是什么情况，我们都鼓励你带着意识探索所有的内容，探索自己。自我观察和内在探究是非常有用的技能，其好处远不止于柔韧性的提升。找出你的紧张区域，并对其加以改善。正如普拉提先生所说：**"研究你的身体——了解它的优点和缺点。消除缺点，改善优点。"**（摘自《你的健康》一书）.

我应该多久做一次拉伸？

"正确执行几个精心设计的动作，比花数小时随意地跳健美操或勉强做出扭曲的动作更有价值。"

——约瑟夫·普拉提

在之前的两本书中，我对这个问题有更详细的阐述。然而，这个问题让我有机会重提我最喜欢的一句萨特（Sartre）的名言。萨特曾说：**"我们通过我们已采取和未采取的行动来塑造自己，最终成为自己的创作者。"** 从生理角度来看，我们的一切行为都在促使身体发生适应性改变。

我们不断地在重塑自己，无论是好是坏。例如，如果我们很少锻炼，我们就会失去肌肉。因为身体判断肌肉在新陈代谢和能量消耗上成本过高而又是不必要的，于是就会减掉、失去肌肉。

最新的研究显示，大脑也会出现类似的适应性变化。随着年龄的增长，如果大脑没有持续受到挑战，灰质会减少。虽然这些例子显示的都是负面的适应性，但它们仍然是对刺激（或缺乏刺激）的反应。同样，反复拉伸将引发另一种适应性，其被称为"机械传导"［详见莱德曼（Lederman）《治疗性拉伸》（*Therapeutic Stretching*）］。机械传导是组织的一种生物学反应，指组织会因拉伸过程中受到的机械拉伸压力而变长。

为了使机械传导发生，你必须每周至少拉伸每个肌肉群两次（不要忘记，你正无意识地暴露在其他刺激下，并与之抗争，比如长时间坐在椅子上）。你必须按照我们建议的时长保持拉伸。

于利宁（Ylinen）在《拉伸疗法》（*Stretching Therapy*）一书中，详细介绍了一项不同拉伸时长对拉伸效果影响的研究（第73页）。保持1分钟拉伸组在短短一个月内，柔韧性提高了15%，而保持15秒拉伸组只提高了4%。对我们来说，4%并不是一个值得的投资回报。

以下是要点。认真进行锻炼，遵循我们的建议，不要走捷径。

弹簧强度

我所提供的关于弹簧强度选择的建议，诚然是模糊的。这有几个原因。首先，不同品牌的弹簧强度各不相同，甚至同一品牌的普拉提床之间也有差异。此外，你需要什么样的弹簧强度取决于你有多重，你有多强壮，你有多僵硬，你在拉伸过程中最初能将滑板移动多远，以及你相对于普拉提床的位置。在一些情况下，普拉提床弹簧的张力能通过轻轻地将滑板拉向其静止位置来增加拉伸幅度。其他时候，它能精准地平衡你肌肉中的张力，为你提供恰到好处的支撑。除了遵循推荐的弹簧选择外，请务必在练习中保持高度觉察，特别是在你第一次尝试某个拉伸动作时。一定要等到你找到适当的支撑时，才能使肌肉放松。

拉伸时不应出现急速或突然的移动，这将影响目标肌肉组织放松的效果。也不应该费力保持滑板的位置。正如约瑟夫·普拉提所说："不要太少，也不要太多。"

导言
C 部分

● 拉伸的生物力学

在讨论拉伸的生物力学之前，让我们首先了解什么是拉伸？什么是僵硬？

拉伸可使肌肉和筋膜在规定的时间内处于拉长的位置。为了实现这种长度的变化，需要施加力。力的大小由组织的僵硬程度决定。有两种类型的僵硬。一种是由反射引起的。这意味着它由我们的中枢神经系统控制，并取决于运动神经元的兴奋性。另一种被称为内在刚度，它用于描述在没有任何肌电图读数的情况下组织的僵硬程度。

内在刚度源自肌肉的黏弹性——肌动蛋白和肌球蛋白之间存在的连接。这是肌肉本身的刚度或延展性，作为一种机械特性，可以在全身麻醉的状态下被测量，此时你的肌肉几乎没有张力。随着时间的推移，通过反复拉伸，我们能改善这两种类型的僵硬。

研究表明，肌肉本身会变得更松弛，也会变长，尽管这种变化是非常微小的。拉伸促使被称为"机械传导"的过程的发生，机械应力（即拉伸）刺激了生物适应，这种适应可使肌肉变长。这就类似于我们在肌肉链上增加了一个环节。研究还表明，如果运动受到限制，肌肉就会"变短"（这就是"用进废退"的原则在起作用）。

反射也会发生改变。你的大脑将被重新连接，新的运动模式和活动范围成为可能，而不会引发反射性的疼痛信号。

以下是要点。拉伸很容易定义，也很容易练习。僵硬则要复杂一些。它有两种类型，一种由中枢神经系统控制，另一种则与之无关。

● 是什么限制了我们的柔韧性？

之前，我们讨论了肌肉和筋膜，并了解到，它们是可以改变的，而且这种改变是安全的。之后，我们将讨论改变它的最有效方法。但首先，让我们看看还有什么会影响我们的柔韧性。

● 关节的结构

关节的结构是柔韧性的一个限制因素。当然，通常情况下，僵硬会使你无法发现这一点，因为骨骼在伸展的过程中会锁定，通常你的肌肉会让你在到达该幅度前让你停下来。不过，对有些人来说，异常的骨骼构造会阻止"正常"的关节活动范围。因为骨骼的形状是永久性的，一旦生长板闭合（在青春期）

就不能改变，所以这个限制因素应该被牢记，它确实阻碍了我们自身的柔韧性发展，而对骨骼限制的了解可以避免我们受伤和陷入无尽的沮丧。

如果你在拉伸过程中感觉到某处有阻碍，而且不是你熟悉的拉伸感觉，请检查骨骼形状是不是其诱因。请阅读我的另一本书《创新普拉提：垫上训练对健康和幸福的影响》中"张力和压力"一节关于这个问题的更详细的讨论。

下图 展示了骨骼形状差异的例子。右侧突出的肩峰会明显限制"正常"的肩关节活动度。

韧带和关节囊 韧带和关节囊结构也会影响我们的柔韧性。韧带和关节囊是由纤维结缔组织构成的，它们将骨骼连接在一起，保证关节的稳定性和灵活性。

尽管韧带和关节囊结构因关节而异，但它们的伸展能力是有限的。拉伸它们尽管可能会带来长久的效果，但会很痛苦、艰难，并且可能破坏关节的稳定性。

要拉伸它们，你首先必须克服所有的肌肉和神经肌肉系统的限制，潜在的结构限制，并忍受大量的疼痛和抵抗

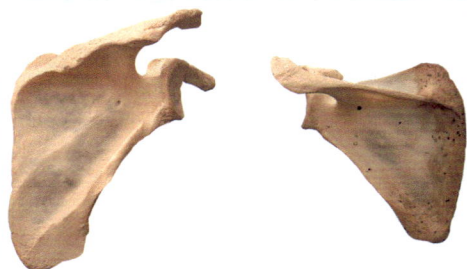

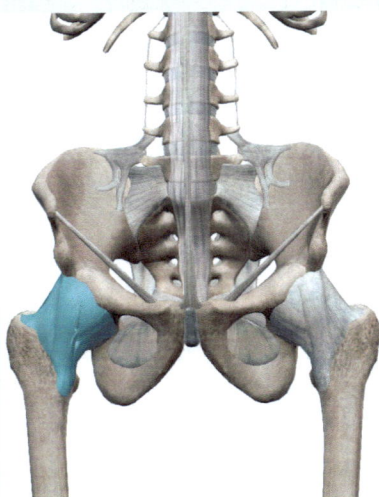

髋关节韧带示例。韧带与关节囊共同限制终末关节活动度。

力。因此，对于 97% 的并非关节活动度过大的人来说，相关的拉伸动作大多无关紧要。

以下是要点。虽然韧带和关节囊结构可以限制柔韧性，但除非你关节活动度过大，否则，它们与我们的拉伸实践并不特别相关。

● 拉伸的生物力学

由于骨的形状不能改变，韧带也不会改变太多，我们只能作用于肌肉和某些类型的筋膜。让我们看一下拉伸的基本生物力学。

所有的肌肉都起于骨骼的一个部分，止于骨骼的另一个部分。拉伸肌肉涉及将这两端相互分离。肌肉可以通过固定一端和移动另一端来拉伸，或者通过移动两端让其彼此远离来拉伸。下一页的图片展示了相关概念。

股四头肌收缩以伸直膝关节。这将收紧腘绳肌穿过膝关节后侧附着于小腿的一端。腘绳肌的这一端通常被描述为止点。

此外，身体前倾以握住脚踏杆，收缩股直肌以伸直腿，会将骨盆拉向股骨。这个动作被称为髋关节屈曲，使腘绳肌

附着在骨盆后面的坐骨结节上的另一端（通常被描述为起点）进一步远离止点。

其结果是：腘绳肌的起点和止点分离，你将体验到拉伸的感觉。

● 拉伸的生理学

当我们拉伸时，如上面的例子，关节、肌腱和肌肉内的感受器会检测到运动以及肌肉长度和张力的变化。这些感受器提醒中枢神经系统对这一事件做出适当的反应。例如，如果你拉伸得太快，你的肌肉会收缩以防止损伤。

除了拉伸之外，感受器还会提醒你的中枢神经系统注意一些事件，如跳跃和落地、身体倾斜或触摸烫的东西。反射信号通过所谓的反射弧到达脊髓并返回，形成快速反应。信号到达大脑本身需要一两秒——在很多情况下，这个时间太长。通常，只有在反射动作已经发生且信号到达大脑后，你才会意识到它。

我们有一系列复杂的感受器和反射弧，将我们的肌肉和我们的中枢神经系统相连接。其中两个牵张感受器与我们最相关。肌梭牵张感受器可以检测肌肉长度的变化和这些变化的速度。基本上，当肌肉拉伸时，肌梭向脊髓发出信号，

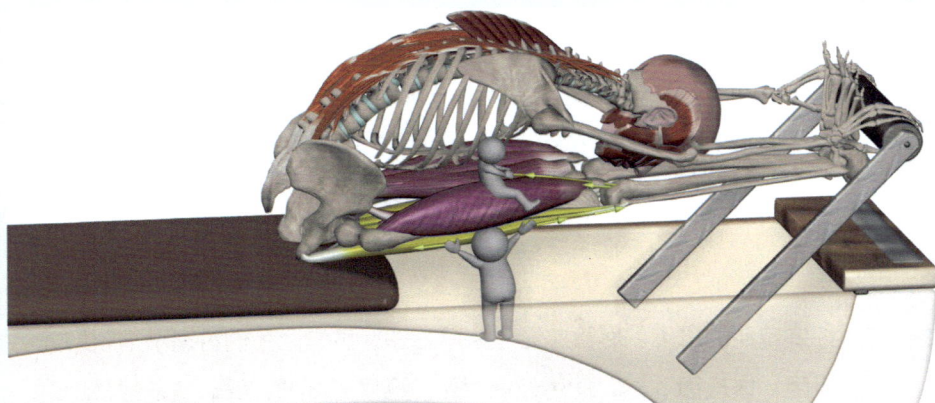

然后脊髓再向肌肉发出信号，使其收缩并抵抗拉伸。这被称为"牵张反射"。

以下是要点。快速拉伸，例如弹震拉伸，会产生反作用，它将刺激肌梭牵张感受器，导致肌肉收缩。

高尔基腱器（Golgi tendon organ, GTO）是另一个完全不同的感受器。这个感受器位于肌肉和肌腱连接处，可以检测肌肉张力的变化。

当张力增加时，特别是在肢体没有运动的情况下，它会发出信号让肌肉放松以防止受伤。GTO就像一个恒温器，当系统"过热"前自动关闭"加热器"，以防止系统崩溃。

GTO构成了"收缩/放松（contract/relax, C/R）"技术的基础；这只是众多本体感觉神经肌肉促进（proprioceptive neuromuscular facilitation, PNF）技术的一种。我们将在本书中使用这种C/R技术来加速我们的拉伸进展。

以下是操作步骤。

1 缓慢进入轻度拉伸。我们称之为肌肉到达"紧张点"（Point Of Tension，POT）。快速移动会触发牵张反射。在一个 1 分到 10 分的量表中，1 分表示拉伸不多，10 分表示极度痛苦，我们建议选择 5 分或 6 分。保持这个姿势呼吸 5 次，然后放松。

2 收缩你要拉伸的肌肉。尽管这看起来可能违反直觉，我们将提示你收缩我们推荐的肌肉，保持约 5 秒。使用你最大努力程度的 30% 左右，轻轻开始。

3 完全放松，并重新拉伸肌肉到新的位置。不要期待奇迹，但你可以期待能够进一步拉伸，通常可以进一步拉伸 1 到 10 厘米。在新的紧张点保持姿势，持续呼吸 15 次。

后链拉伸中的收缩 / 放松

1 将滑板推出至目标肌肉到达紧张点，保持这个姿势呼吸 5 次。

2 收缩你要拉伸的肌肉。该动作拉伸的是腘绳肌。收缩5秒，把脚压向脚踏杆，使用最大力量的30%。GTO将通过感觉神经向脊髓发出增加张力的信号。一个放松信号将传到肌肉，促进进一步拉伸。

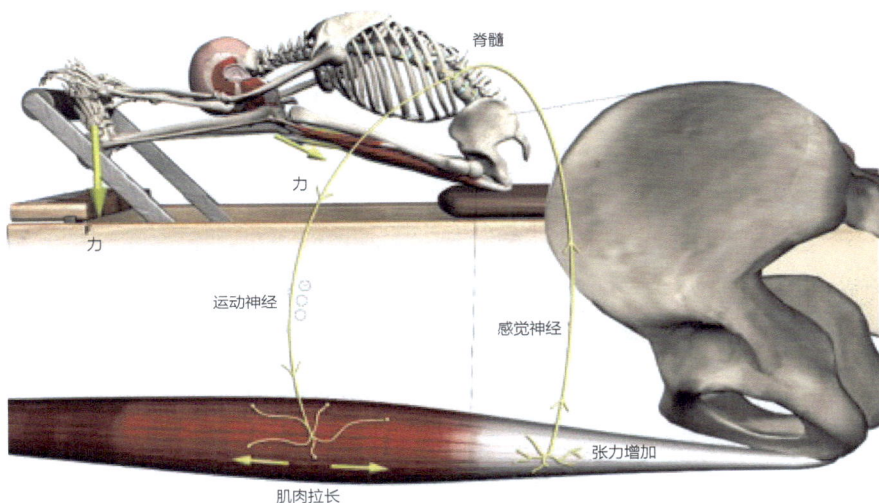

脊髓

力

力

运动神经

感觉神经

张力增加

肌肉拉长

3 放松并进一步拉伸至目标肌肉到达新的POT。持续呼吸15次。

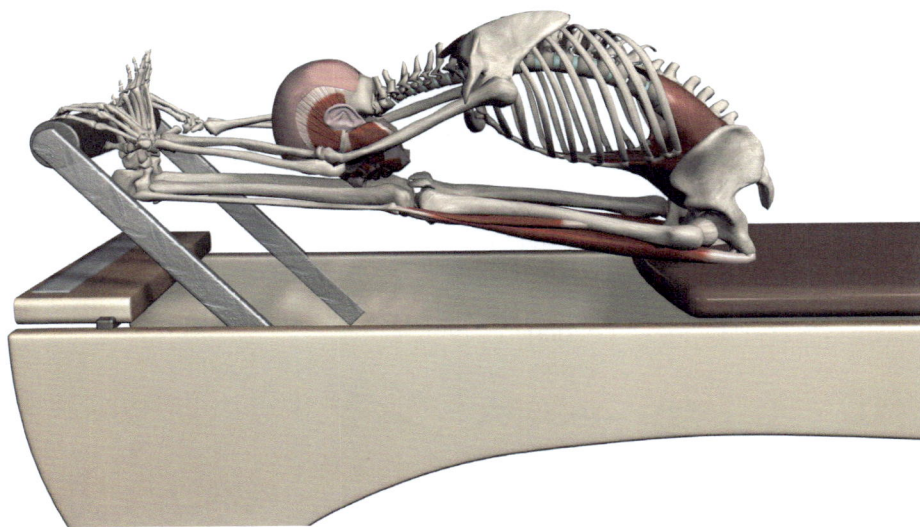

在你开始之前的最后一件事

"你做任一事情的方式，就是你做所有事情的方式。"

我最近听到了这个深刻的见解，我很喜欢它。它是什么意思？我认为它意味着，无论我们在做什么——无论是拉伸、绘画、写作、园艺、烹饪、阅读——我们往往以同样的方式去做每一件事情。你是否过于匆忙？你是否经常自我批评、没有耐心、陷入完美主义或懒惰？

通常，生活如此繁忙，我们甚至没有时间思考这些问题的答案。但拉伸会让你有时间去审视。试试看。这种觉察带来的收获，至少会和你在柔韧性上的进展一样有益。一旦你觉察到什么，将其带入你生活的其他方面。

再次引用普拉提先生的话，他的方法的目标是让人"完全有能力成功解决现代生活中的所有复杂问题"。一些自我觉察并不会妨碍你朝该目标前进。

需要了解的内容

有各种因素可以促进或阻碍对柔韧性提升的追求。如果我们带着觉察慢慢练习，就可以利用积极因素，同时学会感受、理解，甚至接受限制性障碍。这将会是一种平和而富有成效的练习方式。

第1章

小腿

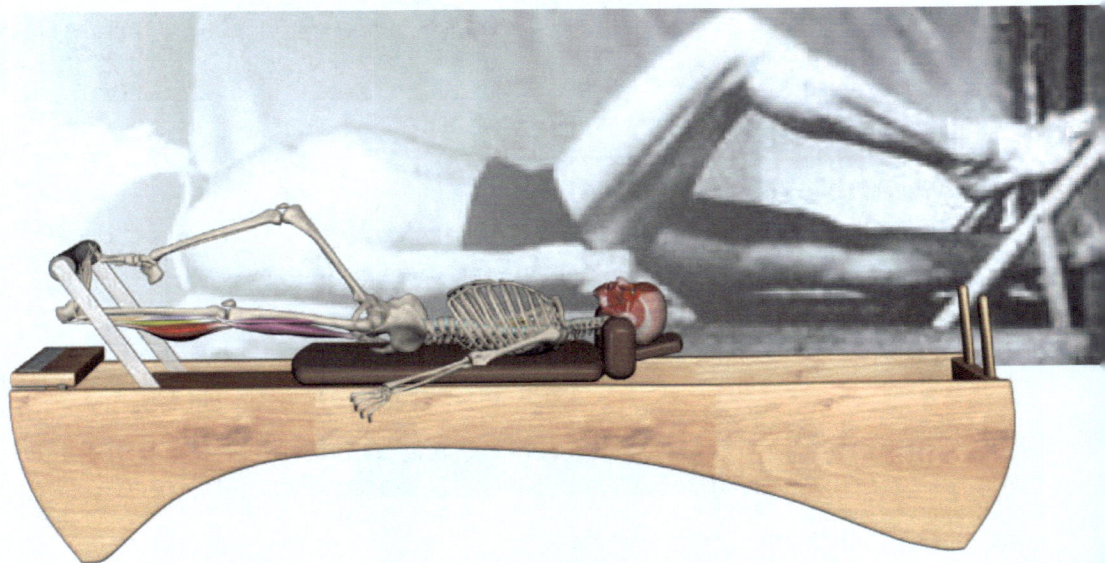

仰卧小腿拉伸

- **适用人群**：任何人群 • **弹簧强度**：中－强
- **目标肌肉**：整个小腿肌群

A. 如何拉伸

让滑板移动，将躯干推出；一侧脚跟缓慢地向脚踏杆方向移动至目标肌肉达到紧张点（POT）；另一侧腿屈膝；收紧拉伸侧腿的股四头肌。

A. 如何收缩

将拉伸侧腿的前脚掌压向脚踏杆，仿佛是在踩油门。

B & C. 如何再拉伸

脚跟进一步向脚踏杆方向移动。

需要注意什么？

- 避免用脚趾抓脚踏杆。
- 不要过快地进行拉伸动作，避免"弹跳"。
- 不允许拉伸侧腿的膝关节弯曲。

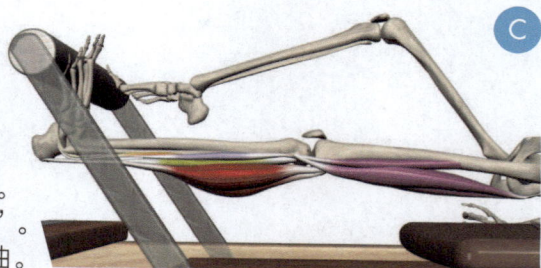

辅助者可以通过握住练习者的脚跟，并将其轻柔且有力地拉到脚踏杆下方来加强小腿肌肉（尤其是腓肠肌）拉伸。

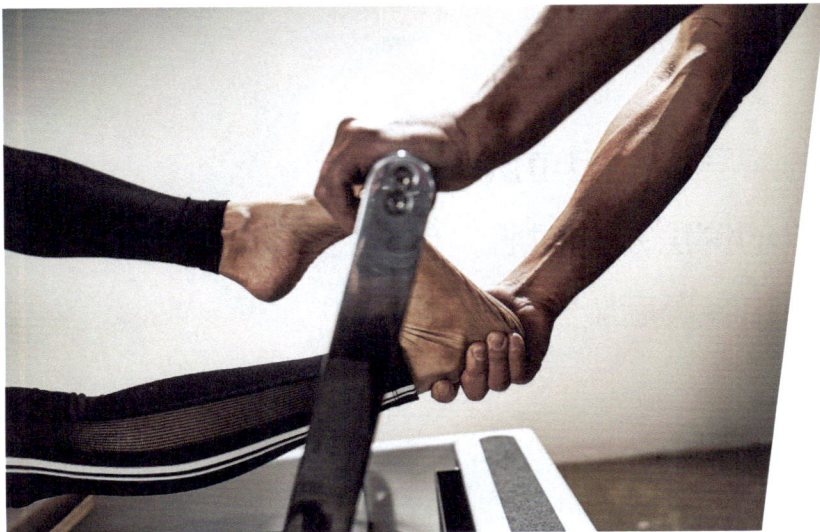

▲

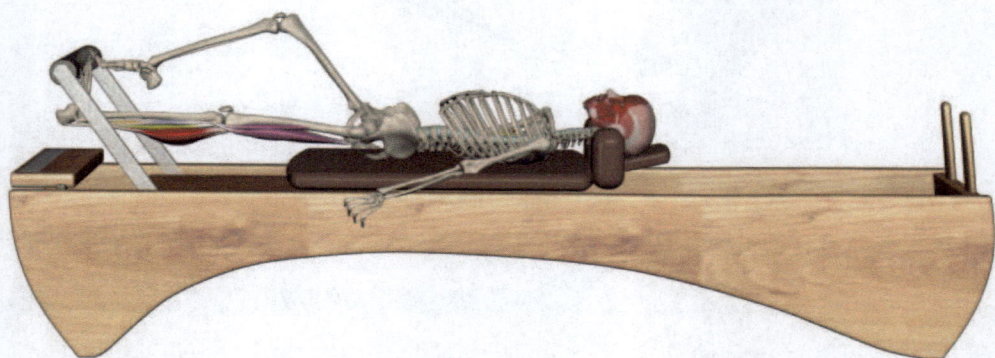

腓肠肌的深层是 **比目鱼肌**。

比目鱼肌的深层是趾屈肌，包括趾长屈肌、

踇长屈肌和胫骨后肌。

站姿小腿拉伸

- **适用人群：**初阶、中阶练习者 • **弹簧强度：** 中
- **目标肌肉：**整个小腿肌群，如果身体肌肉太紧，还会拉伸到腘绳肌。

A. 如何拉伸

将脚跟靠在肩托上；抬起足弓；将一只脚放在另一只脚后侧；保持两侧髋部高度一致，推动滑板至目标肌肉达到紧张点（POT）；髋部向弹簧方向倾斜；尝试让手臂与躯干大约呈 90 度角。

A. 如何收缩

前脚掌向下压滑板。

B. 如何再拉伸

再将滑板推开一些，髋部向脚踏杆倾斜；尝试让肩部、髋部和脚踝在一条直线上。

需要注意什么？

- 避免足弓塌陷。
- 避免膝关节屈曲。
- 避免髋关节在水平面内发生旋转。

站姿小腿拉伸 2.0

- **适用人群**：初阶、中阶练习者 • **弹簧强度**：中－强
- **目标肌肉**：整个小腿肌群、腘绳肌、内收肌、臀大肌

A. 如何拉伸

如图所示，将滑板推开至目标肌肉达到紧张点（POT），两个脚跟靠在肩托上，胸部尽可能降低至与手臂呈一条直线；向前旋转（前倾）骨盆，使坐骨指向天花板；抬起胸部，伸直脊柱。

A. 如何收缩

将双脚前脚掌的前部压向滑板。

B . 如何再拉伸

屈曲一侧膝关节；将滑板滑向脚踏杆，也就是说，加大髋关节屈曲度；降低胸部。脊柱微微向后拱，伸直脊柱。

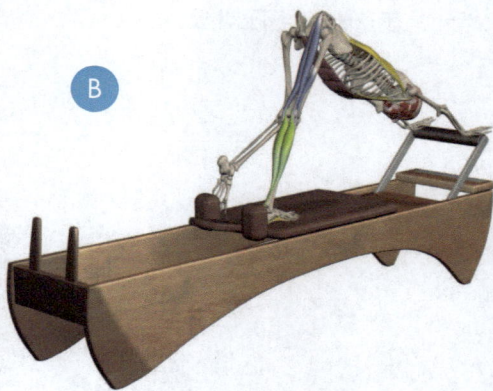

需要注意什么？

- 避免足弓塌陷。
- 注意正在伸展／屈曲的膝关节。
- 避免骨盆后倾。
- 避免圆背／脊柱过度屈曲。
- 确保两条腿都进行拉伸。

当**腓肠肌**与**腘绳肌**一起被拉伸时，**背阔肌**和**腹直肌**会进行剧烈收缩，以稳定并支撑手臂、肩关节和躯干。

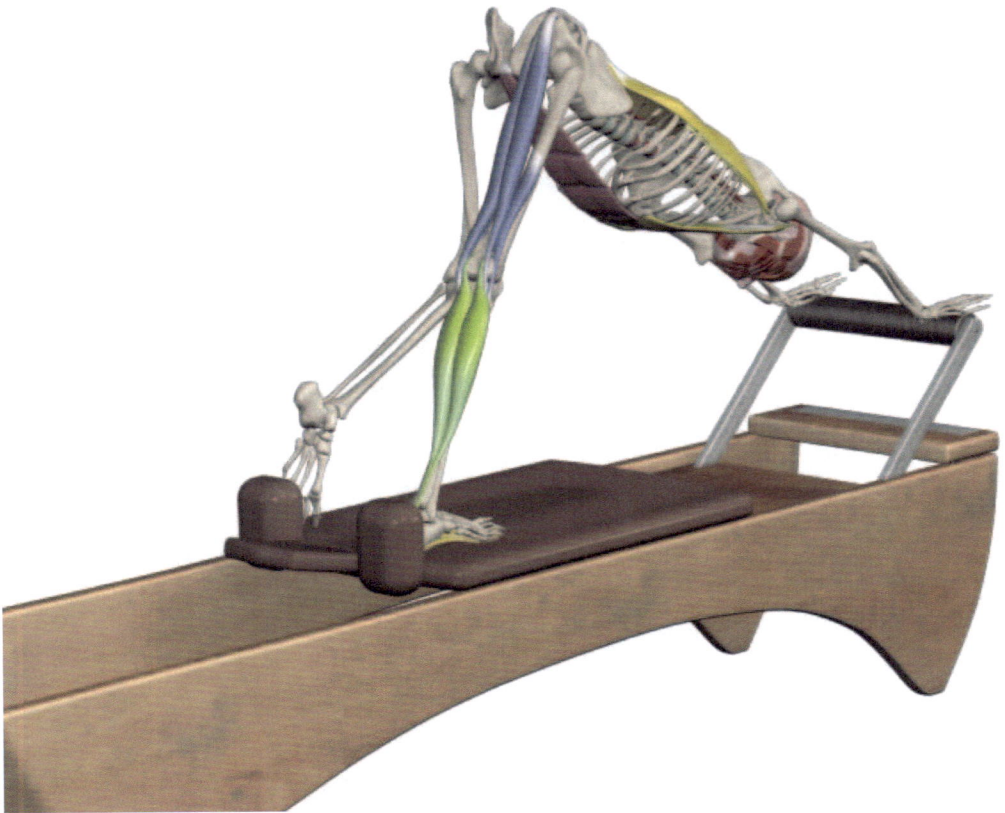

变式

抬高非支撑侧腿的髋部，以拉伸髋部抬高侧的内侧腘绳肌和内收肌，以及腰方肌和腹斜肌。

⭐

若想深入了解本练习涉及的足弓相关知识，掌握引导练习的方法，学会识别肌肉不平衡问题，以及知晓如何在足部周围构建更为均衡的肌肉组织，可以学习艾拉团队的《临床普拉提》系列课程。

降低非支撑侧腿的髋部，以拉伸髋外展肌、**梨状肌**、**腓肠肌外侧头**、**股二头肌**、腓骨肌。

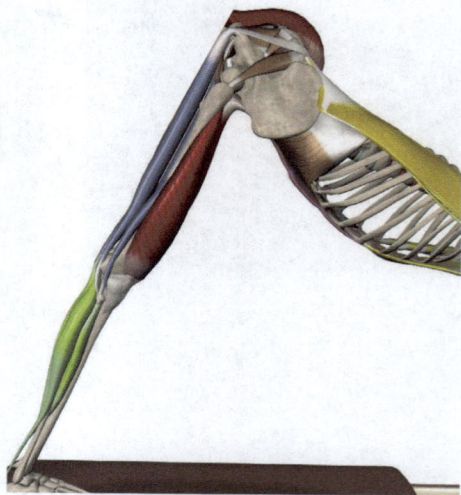

站姿小腿拉伸 3.0

- **适用人群：** 中阶、高阶练习者 • **弹簧强度：** 中
- **目标肌肉：** 整个小腿肌群、腘绳肌、臀大肌、大收肌

A & B. 如何拉伸

如前文 2.0 版本所述，轻轻推动滑板到目标肌肉达到紧张点（POT），双侧脚跟贴着肩托进行支撑；缓慢降低胸部，保持两侧髋部高度一致，然后抬起一条腿至目标肌肉达到紧张点（POT）；保持双腿伸直。

A & B. 如何收缩

将前脚掌压向滑板。

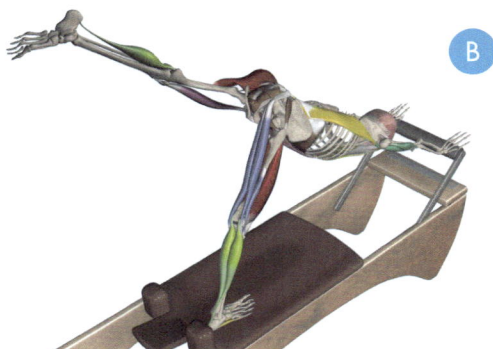

B & C. 如何再拉伸

将滑板滑向脚踏杆方向，即加大髋关节屈曲度；降低胸部，将后腿进一步抬高，使腿部、脊柱和手臂在一条直线上。

需要注意什么？

- 避免足弓塌陷。
- 注意正在伸展的膝关节。
- 避免腿上抬侧的髋部抬起 / 旋转——确保两侧髋部高度一致。

9

臀大肌和**大收肌**非常用力地收缩，
以抬起并保持腿部悬空。

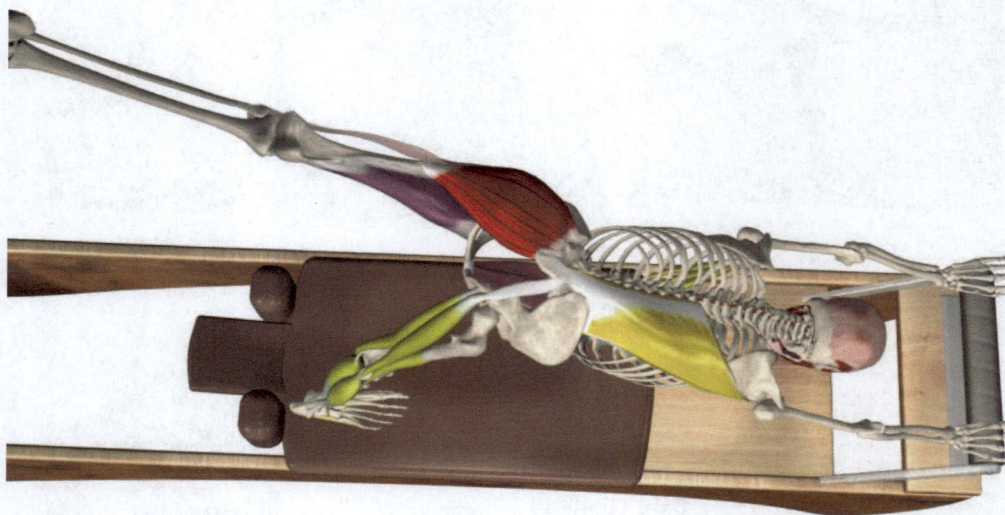

▲

从俯视视角，你可以看到拉伸侧腿的后侧链，从上到
下——从胸腰筋膜、骶结节韧带、**腘绳肌**、**腓肠肌**到足
底筋膜。

虽然这是一个拉伸练习，但其他许多肌肉也在有力地收缩，以维持这一姿势。

请注意，**梨状肌**负责稳定髋关节外侧，**肱三头肌**则负责稳定肩关节和肘关节。**臀大肌**帮助伸展髋关节，**股外侧肌**帮助支撑膝关节。

在胸前部分，你可以看到**胸大肌**和**腹直肌**。最深层的腹肌——**腹横肌**，连同**背阔肌**附着于白色的胸腰筋膜上。

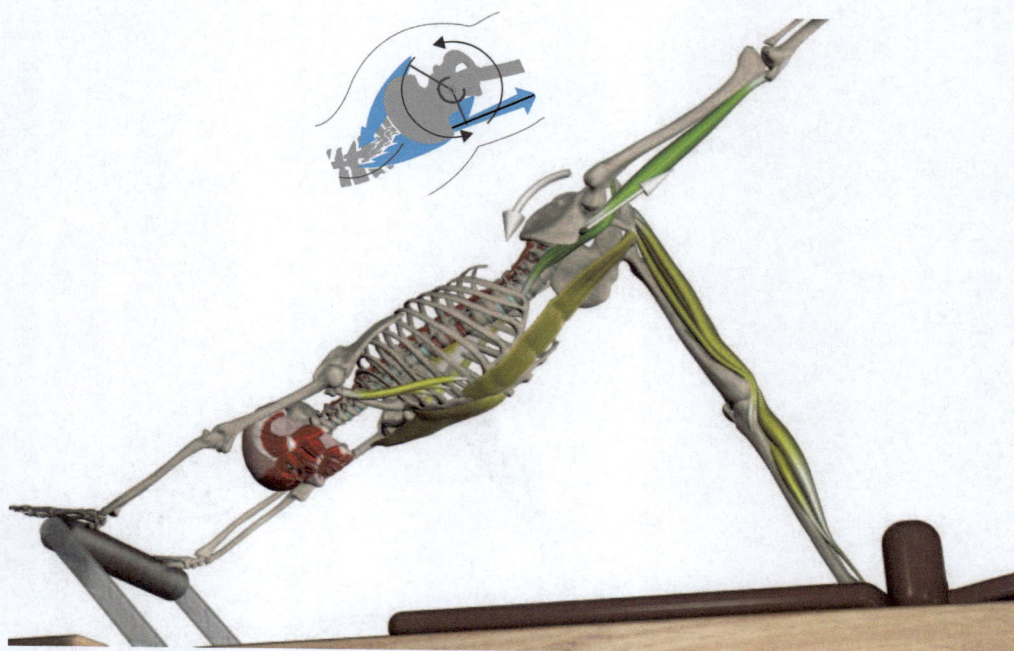

随着腿部抬起，**股直肌**和**髂腰肌**逐渐被拉伸。由于它们附着在骨盆前部，拉力方向见箭头，因此，支撑腿的拉伸感变得更强。

变式

试试这个创新的变式。当你抬起腿并打开髋部时，你可能会感受到内收肌的拉伸（见第5章）。特别是当你加深呼吸以扩张腹部时，你可能会感觉到腹部周围有一些拉伸感。

当你屈曲抬起的腿时，你可能会感觉到这条腿的股四头肌和髋屈肌有更强烈的拉伸感（见第3章）。

站姿小腿拉伸 4.0

- **适用人群：**高阶练习者 • **弹簧强度：**中
- **目标肌肉：**整个小腿肌群、腘绳肌、臀大肌，以及上抬腿的髋屈肌和股四头肌

A. 如何拉伸

练习者将腿抬到 3.0 版本中的最终位置；膝关节屈曲，辅助者抬起练习者的大腿；同时辅助者将练习者的脚拉向臀部，直到目标肌肉到达紧张点。

B. 如何收缩

练习者大腿朝辅助者方向压，而脚向上对抗辅助者向下的施力。

C. 如何再拉伸

练习者抬起大腿，将脚进一步向臀部方向移动。

需要注意什么？

- 避免抬起 / 旋转抬腿侧的髋部。确保髋部保持水平。

当你屈膝时，**股直肌**会逐渐被拉伸。因为它附着在骨盆上，所以会将骨盆向前拉（即前倾）。

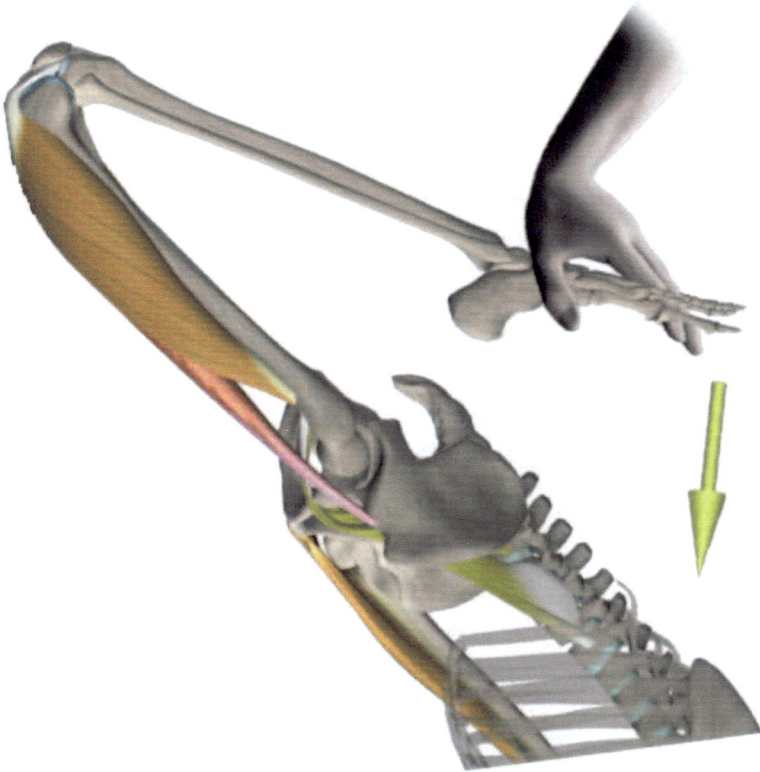

因此，支撑腿的拉伸感会变得更强烈。此外，膝关节屈曲角度越大，**股四头肌**的拉伸感也会越强烈。

跪姿小腿拉伸

- **适用人群：**高阶练习者 • **弹簧强度：**中
- **目标肌肉：**整个小腿肌群、腘绳肌、臀大肌

A & B. 如何拉伸

跪在滑板上，伸直一条腿；用另一条腿推开滑板，位于脚踏杆上的脚的脚跟压向脚踏杆；手握脚踏杆，如果可能的话，抬起胸部以伸直脊柱。

B. 如何收缩

将大腿压向脚踏杆，并将前腿的前脚掌抵在脚踏杆上。

C. 如何再拉伸

抬起胸部，肘关节屈曲，尽可能将胸部拉向腿部，如果可能的话，脚跟进一步压向脚踏杆。

需要注意什么？

- 避免拉伸腿屈曲。
- 避免脊柱屈曲 / 弓背。

仰卧腓骨肌拉伸

- **适用人群：** 任何人群 • **弹簧强度：** 弱 – 中
- **目标肌肉：** 腓骨肌

A & B. 如何拉伸

轻轻推动滑板，放松绳索；如图所示抬起一条腿，并将脚放入套环中；将上方脚的踝关节内翻（使足底向内），轻轻拉动绳索。

B. 如何收缩

脚尝试恢复中立位。

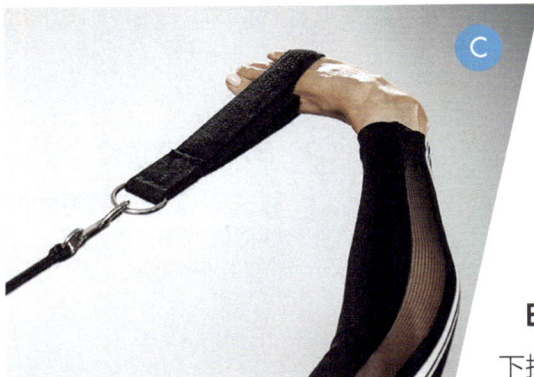

B & C. 如何再拉伸

下拉套环；上方腿横跨身体。

站姿比目鱼肌拉伸

- **适用人群：**任何人群
- **目标肌肉：**比目鱼肌、胫骨后肌

A. 如何拉伸

将一只脚的前脚掌放在脚踏杆上，降低脚跟；上身前倾，使胸部接触大腿。双臂发力，拉动胸部紧贴大腿，降低脚跟，足背屈（勾脚）。

A. 如何收缩

将前脚掌压向脚踏杆，仿佛是在踩油门加速一样。

B. 如何再拉伸

肘关节屈曲，用更大的力将胸部拉向大腿，尽可能降低脚跟。

变式

跪姿版本也是一样的，双臂抓住滑板框架下缘，发力拉动胸部。

仰卧腓骨肌拉伸 2.0

- **适用人群：** 任何人群 • **弹簧强度：** 中－强
- **目标肌肉：** 小腿外侧肌群／腓骨肌群

A. 如何拉伸

将滑板推开，把一只脚的外侧放在跳板上；慢慢屈曲另一侧腿的膝关节，并用这条腿控制滑板的移动；随着滑板滑动，让足内翻，即踝关节"向内侧转"。

A. 如何收缩

尝试将足转回中立位，即尝试让足外翻。

B. 如何再拉伸

支撑腿进一步屈曲，滑板进一步向前滑动；让足进一步内翻。

需要注意什么?

- 避免失去对滑板移动的控制。
- 不要过快进入拉伸动作，避免出现"弹跳"的情况。

仰卧胫骨前肌拉伸

- **适用人群：** 任何人群 ● **弹簧强度：** 中－强
- **目标肌肉：** 整个前侧肌群，包括胫骨前肌、蹬长／短伸肌、趾长／短伸肌

A. 如何拉伸

推开滑板，将一侧脚尖放在跳板上；慢慢屈曲另一侧膝关节，同时用这条腿控制滑板移动。随着滑板滑动，足跖屈。

A. 如何收缩

将脚压向跳板，尝试让足背屈。

B. 如何再拉伸

腿进一步屈曲，滑板进一步滑动。加大足跖屈幅度。

需要注意什么？

- 避免失去对滑板移动的控制。
- 不要过快进入拉伸动作，避免出现"弹跳"的情况。

比目鱼肌拉伸

- **适用人群：任何人群 • 弹簧强度：中－强**
- **目标肌肉：除腓肠肌外的整个后侧肌群，包括胫骨后肌、踇长屈肌和趾长屈肌。**

如何拉伸

推开滑板，并将脚放在跳板上；
慢慢屈曲膝关节，用手臂和腿部控制滑板移动；
当滑板滑动时，允许踝关节／膝关节进一步屈曲至目标肌肉到达紧张点（POT）。

如何收缩

将单侧脚压向跳板，尝试进行足跖屈动作。

如何再拉伸

腿进一步屈曲，滑板进一步滑动。足背屈幅度加大；使用双手拉动滑板，加大拉伸幅度。

需要注意什么？

- 保持对滑板移动的控制。
- 不要过快进入拉伸动作，避免出现"弹跳"的情况。
- 避免足弓塌陷而出现"扁平足"姿态。

第2章

腘绳肌和髋伸肌

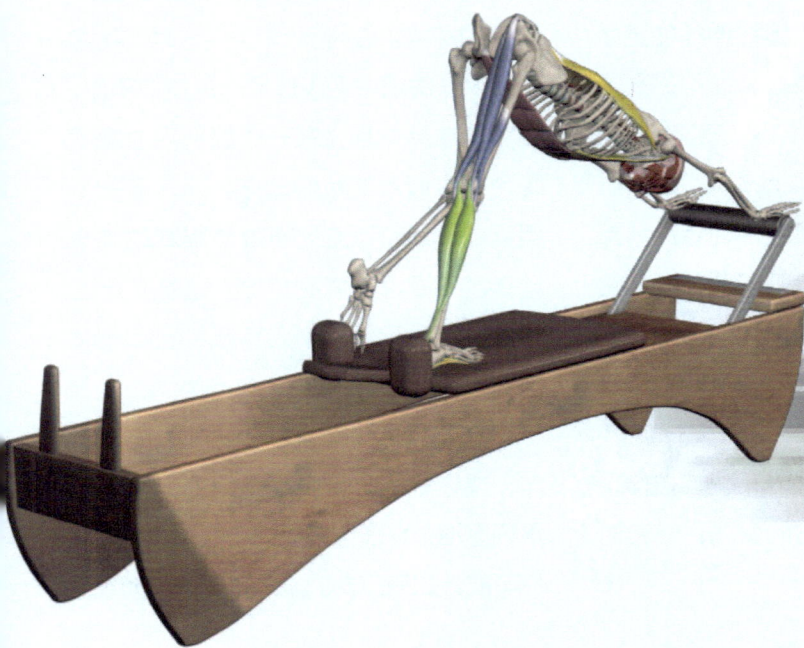

本章的拉伸动作可以通过多种方式进行分类。我选择了在解剖学和经验上均最为合理的分类方法。重要的是确保你能够全面拉伸腘绳肌和髋伸肌。一个包含多样性的训练计划将确保你达成这一目标。

拉伸髋伸肌和膝屈肌（腘绳肌、腓肠肌、臀大肌、大收肌）时，采用屈腿和直腿两种方式，体验上有显著不同。解剖图能说明原因。屈腿拉伸往往更多地作用于臀大肌和大收肌，而不是腘绳肌。直腿拉伸则更多地作用于腘绳肌和腓肠肌，因为从解剖学上来说，这些肌肉穿过膝关节。任何柔韧性训练计划都需要包含这两种拉伸。基于此，我将它们分为不同的组别，这样你就能明白自己的目标肌肉，并能从两个组别中选择合适练习。

此外，还有跨体或所谓的侧向拉伸，这些通常是前两组练习的变式，但它们也具有自己的解剖学和实践特色。侧向拉伸，即腿部内收或横跨身体的拉伸，倾向于将拉伸的重点移至股二头肌的短头和长头，这些肌肉属于腘绳肌。此外，你可能还会拉伸腓肠肌的外侧头、腓骨肌，有时甚至是位于更高位置的髋部的梨状肌。这些也是全面的腿后柔韧性训练计划的一部分。

直腿、屈腿和侧向拉伸里包含推荐练习的标准。在设计训练计划时，我强烈建议从每组中至少选择一个拉伸动作。你可能也会发现，在一个组别内你需要练习初级版本的拉伸动作，而在另一个组别内你却可以练习更高阶版本的拉伸动作。不要为此感到惊讶，这是完全正常的，因为我们每个人甚至每组肌肉内部都是不对称的。

如果你继续只练习其中一种拉伸动作，或者只练习其中一个组别，你可能永远也不会发现这个真理。更糟糕的是，你可能会加剧已有的肌肉不平衡问题。

直腿拉伸

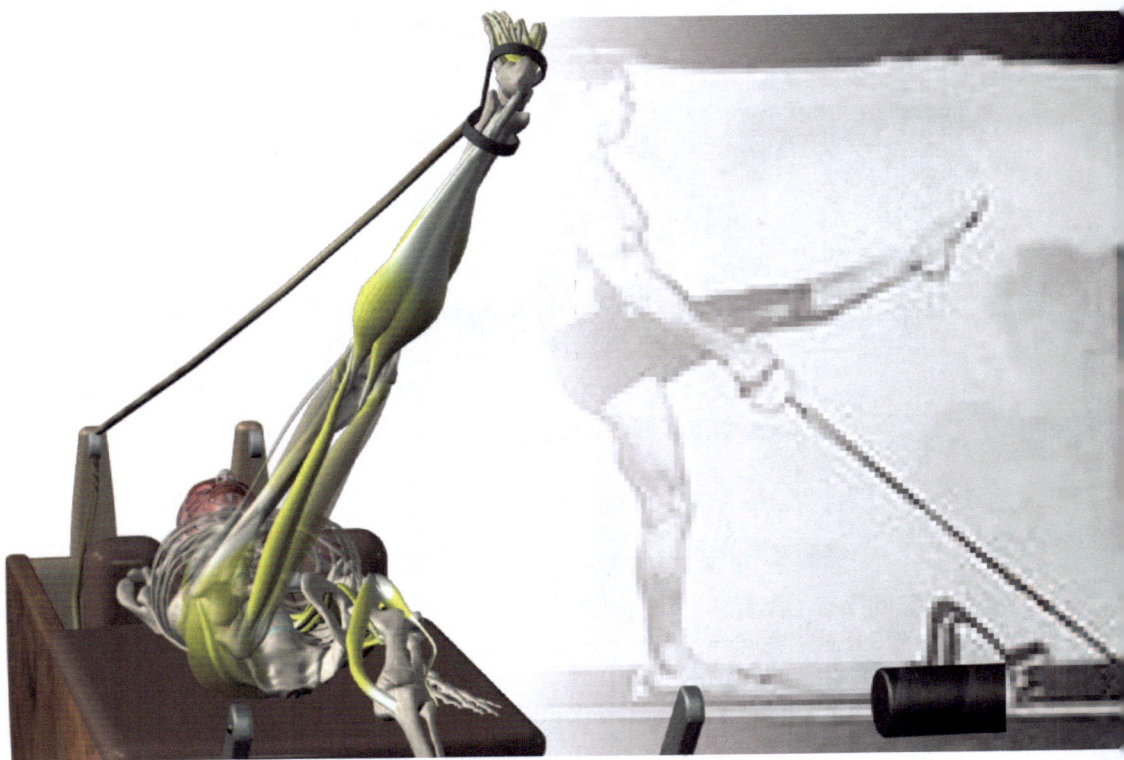

仰卧直腿腘绳肌拉伸

- **适用人群：**初阶、中阶练习者 • **弹簧强度：**中
- **目标肌肉：**腘绳肌、腓肠肌、大收肌、水平腿的髋屈肌

A．如何拉伸

将脚放在套环中；非常缓慢地将伸直的腿抬高至目标肌肉达到紧张点（POT），保持呼吸5次。

A．如何收缩

尝试将整条腿向后拉，或者试着屈曲膝关节。保持5秒。

B．如何再拉伸

呼气时，滑板向脚踏杆滑动，髋部进一步屈曲。

需要注意什么？

- 双腿保持彼此平行（译者注：两侧大腿、膝盖和脚趾的朝向一致，双腿均不外旋、不内旋，双脚不呈外八字或内八字）。
- 髋部与拉伸腿保持垂直。
- 骨盆保持中立，避免后倾或侧旋。
- 腿部保持伸直。
- 下侧腿保持水平。

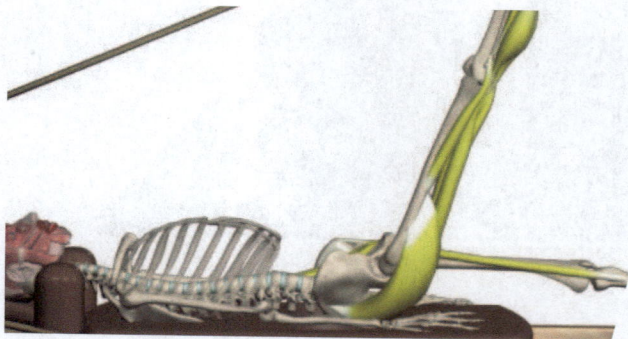

被拉伸的腿部后侧肌肉链包括
腓肠肌、**腘绳肌**和臀大肌的伸肌纤维。

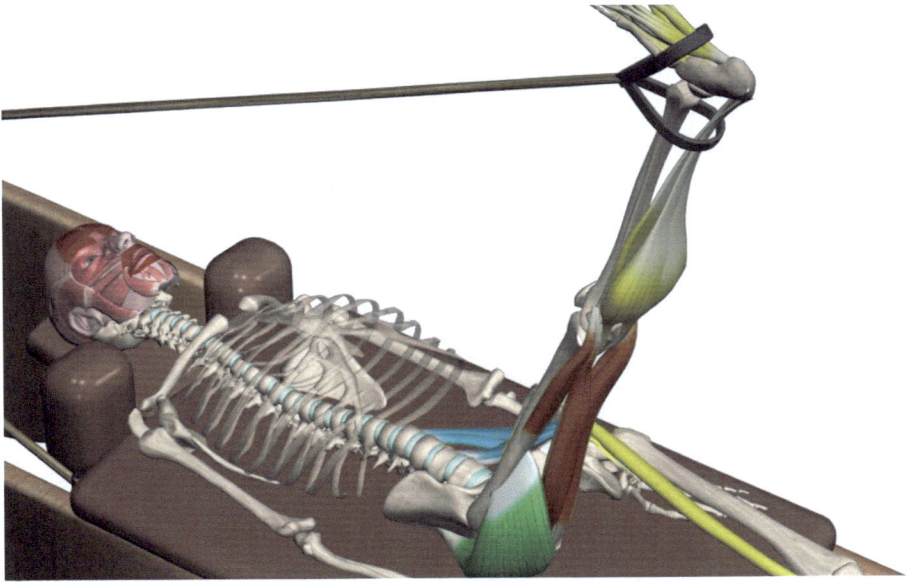

也要注意水平放置的腿。如果它抬起，
可能是由**缝匠肌**、**腰大肌**等肌肉僵硬所致。

站姿直腿腘绳肌拉伸

- **适用人群：**初阶、中阶练习者 **弹簧强度：**弱 – 中
- **目标肌肉：**腘绳肌、腓肠肌、胫骨前肌、后腿的髋屈肌

A. 如何拉伸

保持腿部与坐骨对齐；将后腿向后推，使双髋保持水平（确保两侧髂前上棘在同一水平线上）；推动滑板远离至目标肌肉到达紧张点（POT）。

B. 如何收缩

将前脚压向地板。

C. 如何再拉伸

从起始位置进一步滑动滑板。

需要注意什么？

- 避免脊柱或腰部变平 / 拱起。
- 避免骨盆向前腿侧旋转。
- 避免前膝屈曲。
- 骨盆必须保持中立或前倾。
- 拉伸腿需与躯干保持垂直。

变式一和二

变式一

这组照片展示了另一个姿势。前腿放在普拉提床架内。这个姿势的优势在于更多的体重可以由手臂支撑，这使腿部肌肉在拉伸状态下能得到更大程度的放松。指导原则同前文。试试看！

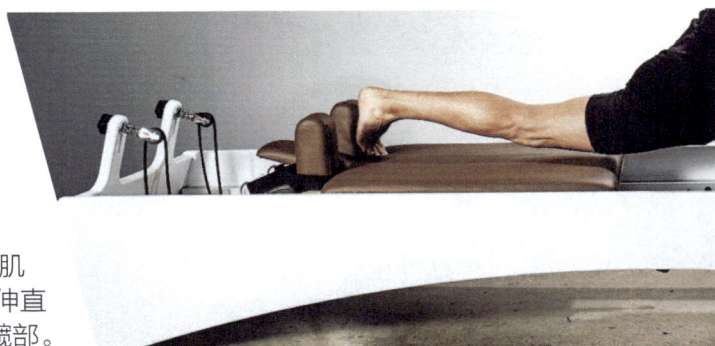

变式二

为了提升腘绳肌和髋屈肌的拉伸幅度，可抬起并伸直后腿，但不要抬起髋部。

反向直腿腘绳肌拉伸

- 适用人群：中阶、高阶练习者 • 弹簧强度：中
- 目标肌肉：臀大肌、腘绳肌、小腿肌群、胫骨前肌、后腿的髋屈肌

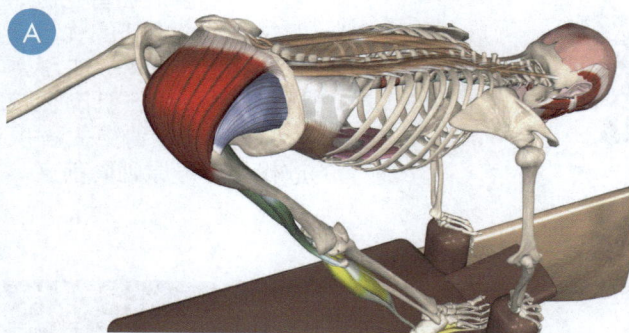

A. 如何拉伸

将前脚放在肩托的前面；将后脚放在脚踏杆上；双腿保持彼此平行，将滑板推至目标肌肉到达紧张点；骨盆必须保持中立或前倾；保持髋部朝向正前方，不向任一侧旋转或倾斜。

B. 如何收缩

前脚向下压滑板。

C. 如何再拉伸

将滑板从起始位置向更远处滑动。保持骨盆前倾。

需要注意什么？

- 避免脊柱或腰部屈曲，即拱起。
- 避免骨盆向前腿侧旋转，即保持髋部朝向正前方。
- 避免任一侧膝关节屈曲。

注意大腿后侧的肌群，**从臀大肌、臀中肌的一部分，**到**腘绳肌**和**小腿肌群**。如果你通过口令"抬起你的胸部"或"将坐骨指向上方"来激活**竖脊肌**，那么骨盆将会向前旋转或前倾，以加强拉伸效果。

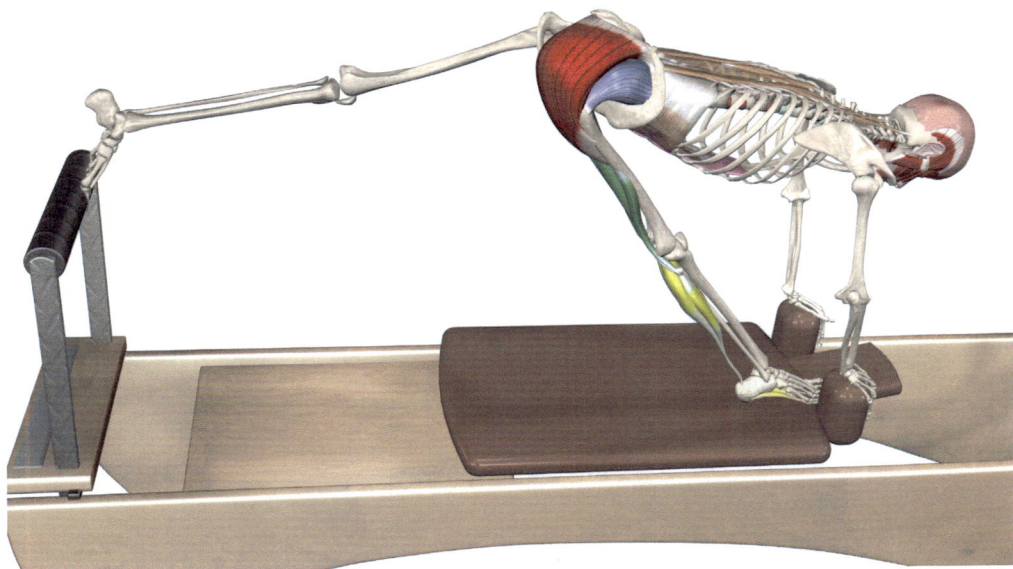

如果你想激活腹横肌，则通过"轻轻地将肚脐拉向脊柱"这样的口令来稳定腰部的关节。

☆ 若想了解更多关于腹横肌的知识，可以学习艾拉团队的《临床普拉提——保护脊柱》系列课程。

侧向拉伸

仰卧大脚趾拉伸

- **适用人群：** 中阶练习者 • **弹簧强度：** 中
- **目标肌肉：** 股二头肌双侧头、外侧腓肠肌、髋外旋肌、臀大肌、臀中肌、臀小肌，水平腿的髋屈肌

A & B . 如何拉伸

脚插入套环中，腿抬起至目标肌肉到达紧张点（POT），然后慢慢跨过身体中线；保持骨盆水平（不要让抬起腿侧的髋部抬起）。

B . 如何收缩

尝试将腿从起始位置沿对角线向外推。

C . 如何再拉伸

髋进一步屈曲，腿继续向对侧移动。

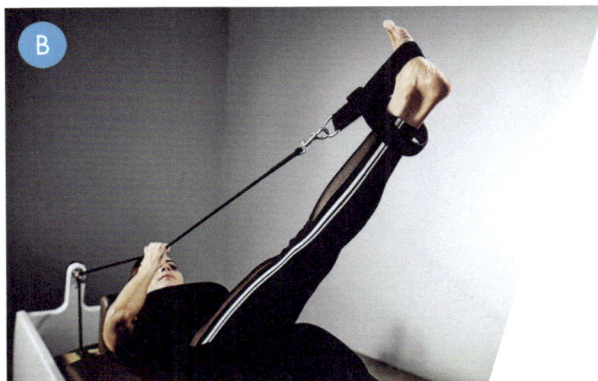

需要注意什么？

- 保持两侧髋部均在滑板上。
- 保持骨盆中立。
- 保持下方腿水平。
- 保持拉伸腿完全伸直。
- 不要让拉伸腿内旋或外旋。

下图所示的后侧肌肉链将被拉伸。**小腿肌群**（特别是**腓肠肌外侧头**）、包括**股二头肌短头和长头在内的外侧腘绳肌，**甚至是髋部梨状肌也可能会感到被拉伸。

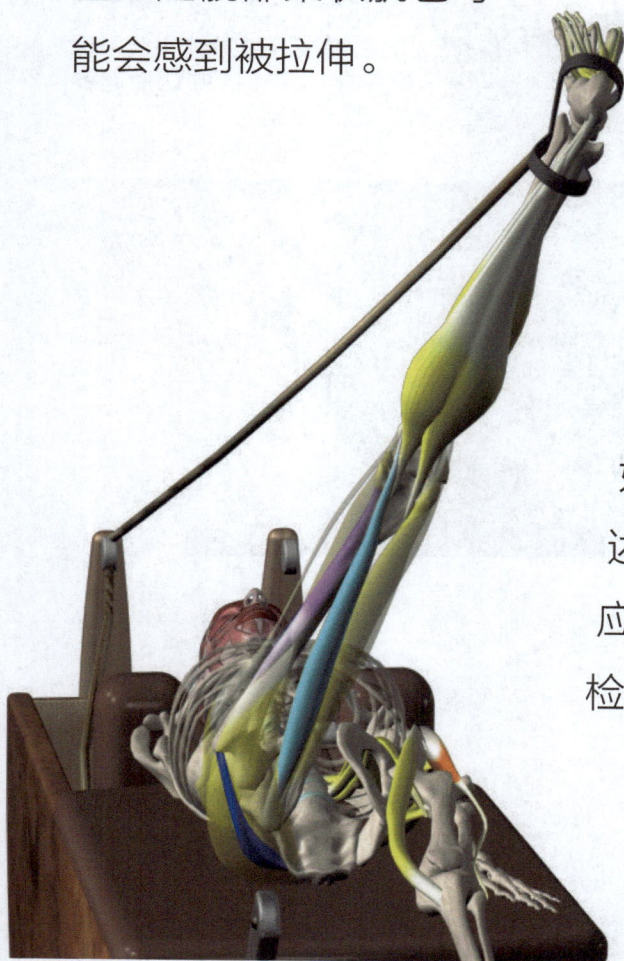

缝匠肌负责髋关节的屈曲、外展和外旋。如果在进行相关动作时，你发现你的小腿倾向于上述髋关节运动中的任何一种，这可能表明缝匠肌存在僵硬。

同样，**阔筋膜张肌**负责髋关节的屈曲和外展。如果你在训练时有任何上述髋关节运动的迹象，则应该记录下来，以便后续检查。

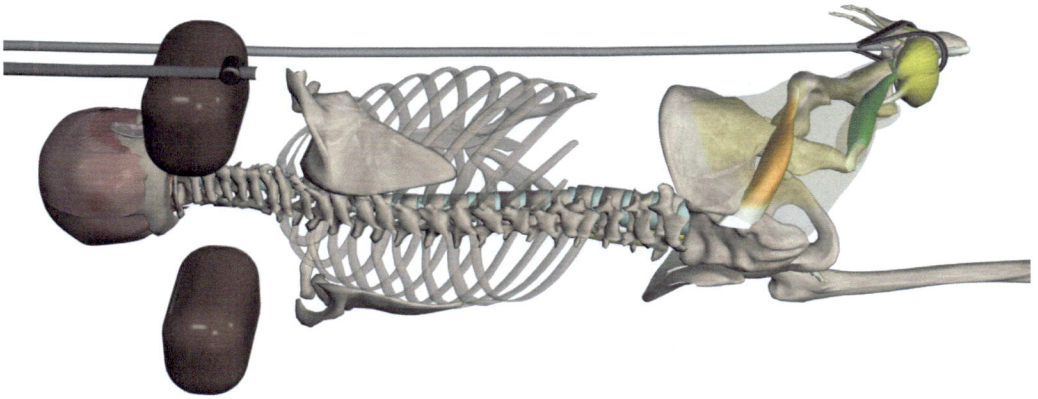

基于普拉提床支架下方视角的"仰视图"展示了**梨状肌**和**股二头肌长头**。你可以看到，将腿跨过身体中线时，这两块肌肉将会被拉伸。

站姿腘绳肌拉伸：直腿伴随髋部移动

- **适用人群**：初阶、中阶练习者 • **弹簧强度**：弱 – 中
- **目标肌肉**：腓肠肌外侧头、股二头肌、髋外旋肌、臀大肌、臀中肌、臀小肌、后腿的髋屈肌

A & B. 如何拉伸

前腿向身体中线方向内收；后脚将滑板推至目标肌肉到达紧张点（POT）。骨盆必须保持中立或前倾。将髋部向前腿侧移动。

B. 如何收缩

将前脚向下并向远离普拉提床的方向压（髋部伸展 & 髋部外展）。

C. 如何再拉伸

让滑板从起始位置进一步滑动。将髋部更多地向前腿侧偏移。

需要注意什么？

- 避免骨盆旋转，骨盆应向一侧移动。
- 避免腰部变平 / 弯曲 / 拱起，避免骨盆后倾。
- 避免前膝屈曲。

反向大脚趾拉伸

- **适用人群**：中阶、高阶练习者 • **弹簧强度**：中
- **目标肌肉**：小腿外侧肌群、 腘绳肌、髋外旋肌、臀肌、胫骨前肌、后腿的髋屈肌

A & B . 如何拉伸

将前脚放在滑板上，使其与踩在脚踏杆上的脚位于同一平面（译者注：前脚需要向内收，跨过身体中线，移动到身体中线的另一侧）；前脚将滑板推至目标肌肉到达紧张点（POT）；骨盆必须保持中立或前倾。髋部的正面朝向前方，确保髋部不向任一侧旋转或倾斜。

B. 如何收缩

将滑板上的脚向下且向后压。

B. 如何再拉伸

将滑板从起始位置进一步滑开；保持骨盆前倾。

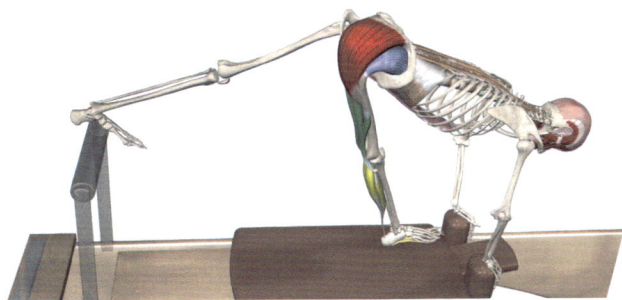

需要注意什么？

- 避免骨盆向前腿的方向旋转。
- 避免脊柱变平／屈曲／拱起，避免骨盆后倾。
- 避免前膝屈曲。
- 避免足内翻。

屈腿
腘绳肌拉伸

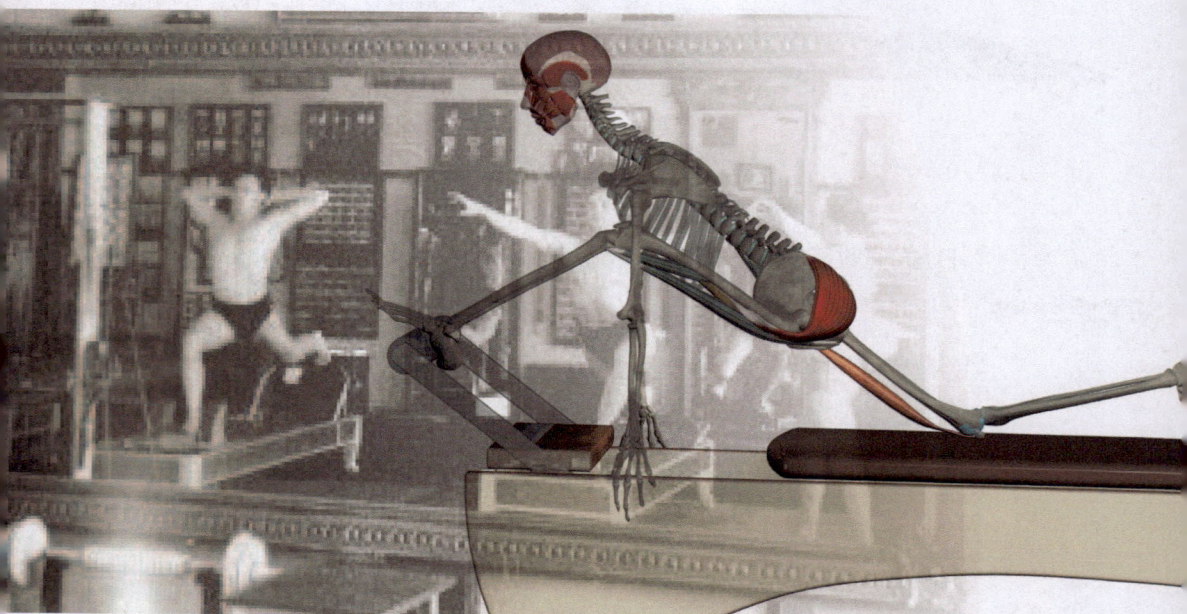

站姿屈腿腘绳肌拉伸

- **适用人群：**初阶、中阶练习者 • **弹簧强度：**弱－中
- **目标肌肉：**腘绳肌、臀大肌伸肌纤维、大收肌、后腿的髋屈肌

A & B . 如何拉伸

将前脚放在普拉提床外侧的地板上；用后腿推动滑板并尽可能降低髋部，前膝保持屈曲；一旦就位，尝试在不抬起髋部的情况下伸展前腿至目标肌肉到达紧张点（POT）；髋部的正面朝向前方，确保髋部不向任一侧旋转或倾斜。

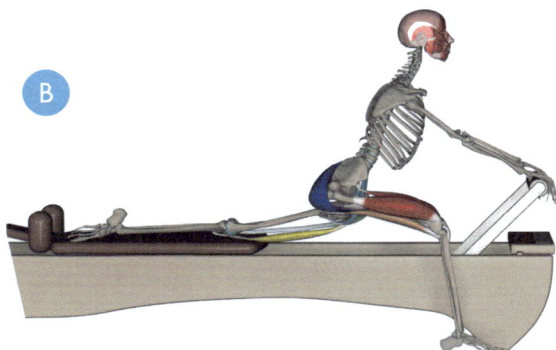

B. 如何收缩

双脚向下压。

C. 如何再拉伸

尝试伸直前腿，将滑板进一步向后滑动；将双手放在脚踏杆上或普拉提床的侧面。

需要注意什么？

- 避免髋部上抬。
- 避免在起始位置没有最大限度地降低髋部。

变式一和二

变式一

该变式展示了一个替代姿势。站在普拉提床中，并用手臂承担一部分体重。这可能有助于更好地放松腿部肌肉。其他动作指令保持不变。

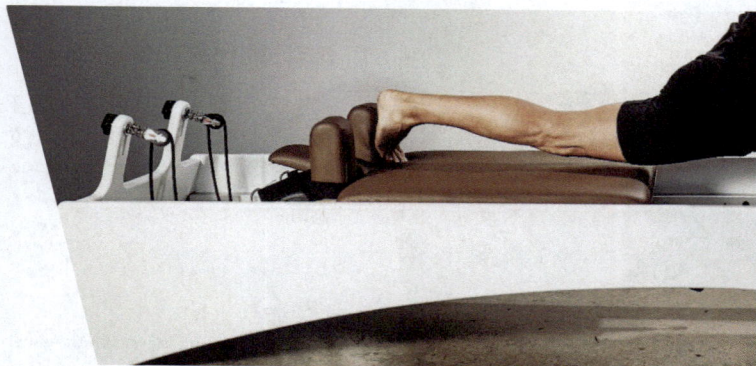

变式二

为了加强拉伸，收紧后腿的股四头肌，抬起膝关节，但不要将大腿抬离滑板太多。

随着滑板从起始位置移开，跨过膝关节的**腘绳肌**会被拉伸。由于开始拉伸时髋关节已经有一定程度的屈曲，因此**臀大肌**（尤其是伸肌纤维）也会被拉伸。

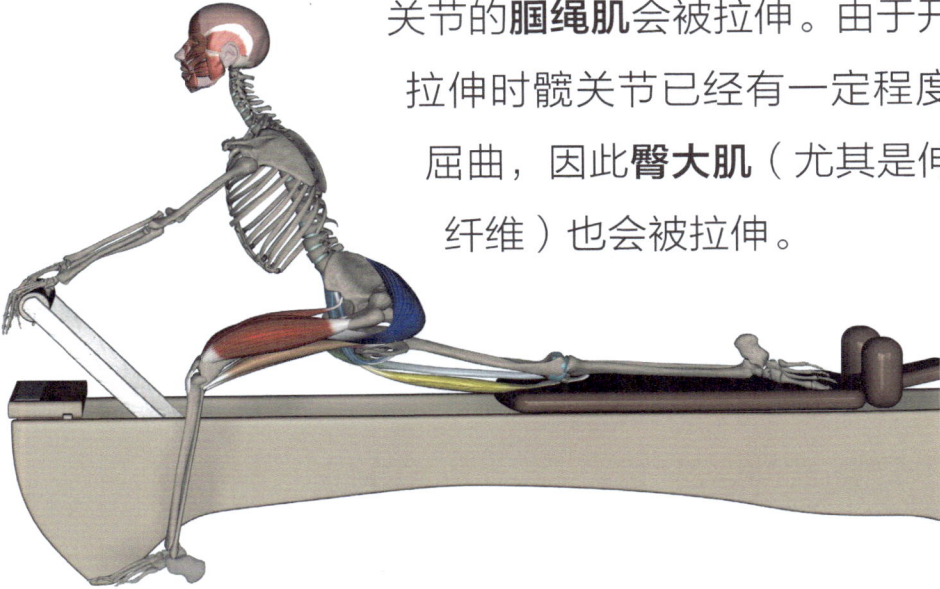

对许多人来说，后腿侧的**腰大肌**和**股直肌**也会被拉伸。

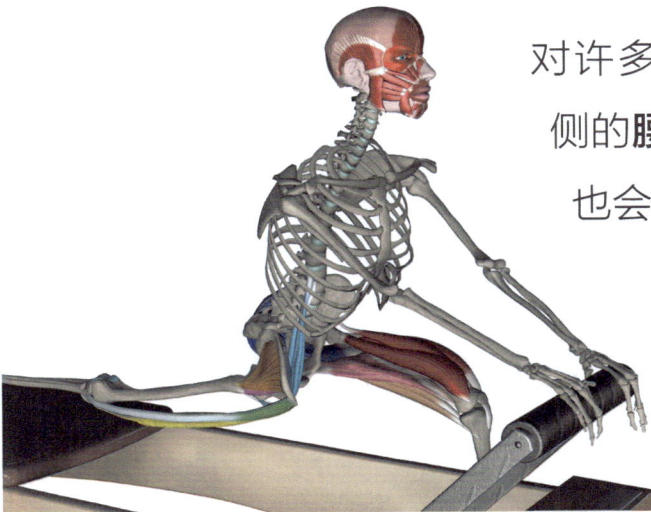

跪姿屈腿腘绳肌拉伸

- **适用人群：**中阶、高阶练习者 • **弹簧强度：**中
- **目标肌肉：**腘绳肌、臀大肌、大收肌、后腿的髋屈肌

A & B . 如何拉伸

将脚放在脚踏杆上，与坐骨对齐；用后腿推动滑板并降低髋部。尝试伸展前腿，同时保持胸部与大腿接触。

B. 如何收缩

双脚向下压。

C. 如何再拉伸

通过尝试伸直前腿，将滑板进一步滑出。

需要注意什么？

- 在起始位置要最大限度地降低髋部。
  - 避免胸部远离腿部。
  - 避免脊柱拱起 / 屈曲。

变式

下图展示了一种高阶变式。抬起后膝，但不要抬髋，以增大所有涉及肌肉的拉伸幅度。

当后膝抬起时，**股直肌**产生的张力会使骨盆向前旋转 / 前倾，从而增大了腘绳肌和**臀大肌**的拉伸幅度（译者注：这种方法能够通过改变骨盆的位置来增强拉伸效果，有助于提高肌肉柔韧性和提升关节活动范围）。

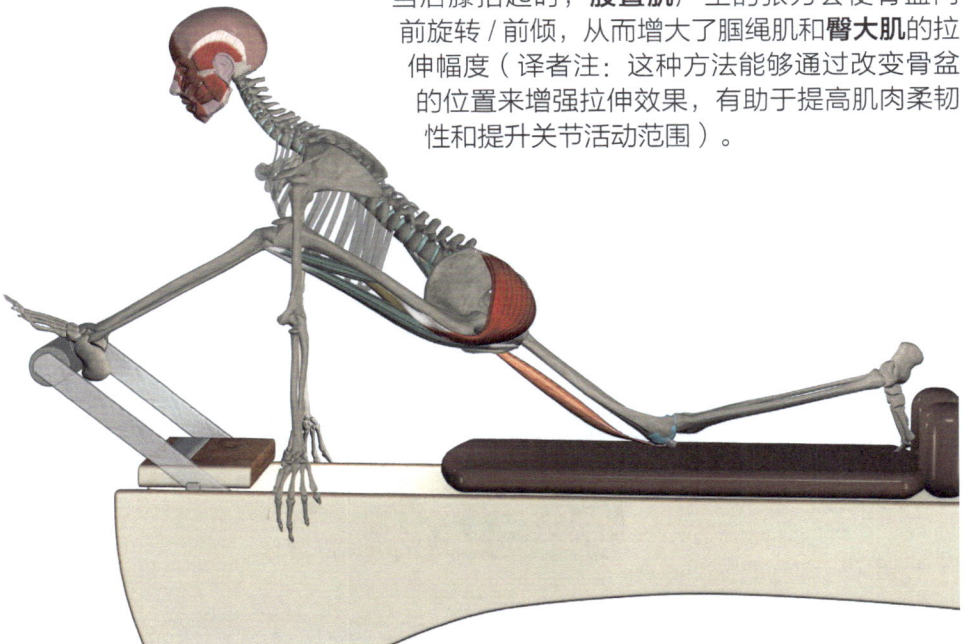

俄罗斯式拉伸

- **适用人群：** 中阶、高阶练习者 ● **弹簧强度：** 中
- **目标肌肉：** 腘绳肌、臀大肌伸肌纤维、大收肌、后腿的髋屈肌

A. 如何拉伸

将一只脚放在肩托前面，与坐骨对齐。前腿推动滑板并降低髋部。将胸部贴在大腿上；尝试伸直滑板上的前腿，同时保持胸部与大腿的接触。

B. 如何收缩

将前脚向下、向后压，好像要进一步屈曲膝关节。

C. 如何再拉伸

通过尝试伸直前腿，进一步滑动滑板。

需要注意什么？

- 在起始位置时要最大限度地降低髋部。
- 避免胸部远离腿部。
- 避免后腿弯曲。
- 避免脊柱屈曲。
- 避免骨盆向前脚侧旋转。

第3章
髋屈肌和股四头肌

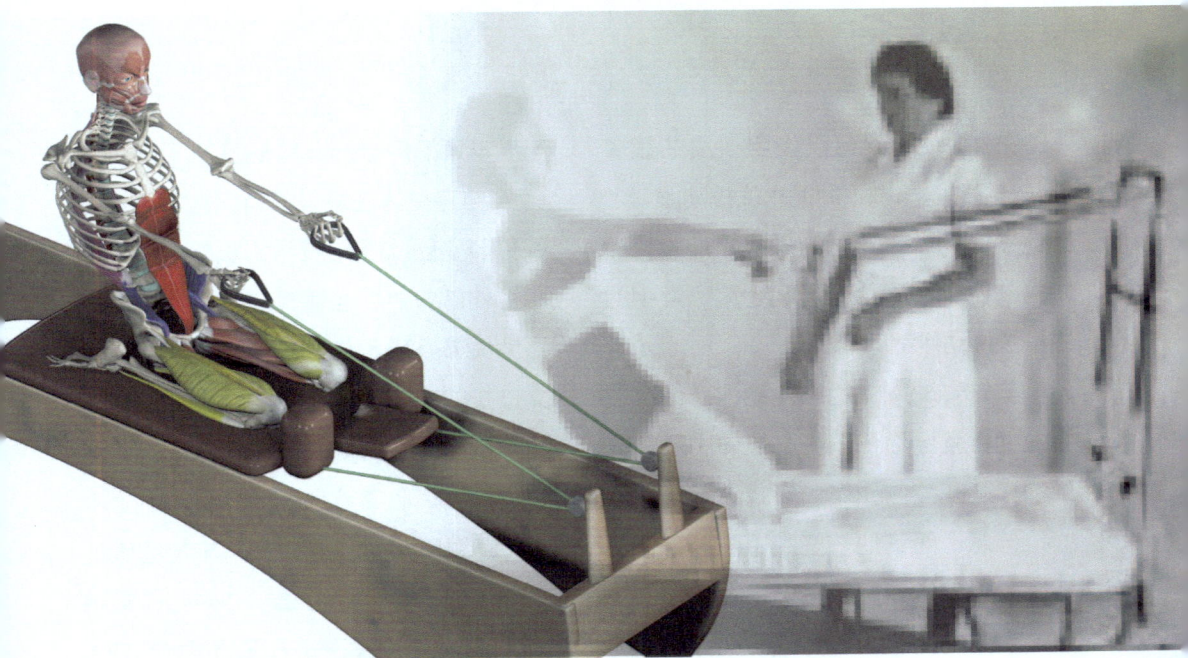

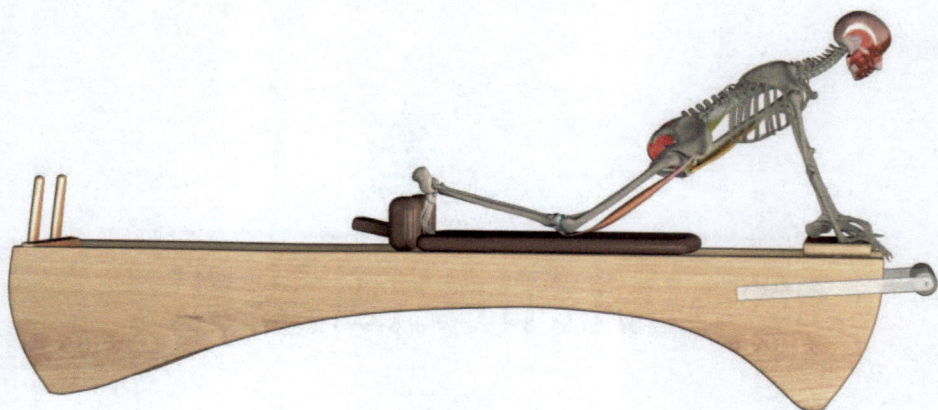

有 11 块肌肉可以作用于屈曲髋关节。它们都以略微不同的角度拉动股骨。因此，你需要以不同的角度拉伸股骨和骨盆。也是由于这个原因，这一章中的许多拉伸动作都有变式。

首先尝试所有的拉伸动作。你可能会发现，就像你在腘绳肌拉伸中所体验到的，某些拉伸动作和变式会带来强烈的拉伸感，而其他一些则感觉"嗯，没什么太大感觉"。这完全正常。你的身体是它过去的写照；精确展现你是如何使用它的。因此，它永远不会完全对称。

本章的后半部分包括了股四头肌的相关内容。请注意，只有股直肌跨过了髋关节，因此在无股四头肌参与的髋屈肌拉伸部分中，当髋关节处于伸展状态且膝关节几乎不做屈曲时，只有股直肌会被拉伸。在股四头肌参与下的髋屈肌拉伸部分中，当膝关节也发生屈曲时，股四头肌其他的肌肉也会得到拉伸。

髋屈肌和股直肌对骨盆施加强大的向前拉力，影响其位置，并对整个脊柱产生连锁反应。关于这方面的更多细节，请参考《创新普拉提：普拉提床上的治疗性肌肉拉伸》。

无股四头肌参与的髋屈肌拉伸

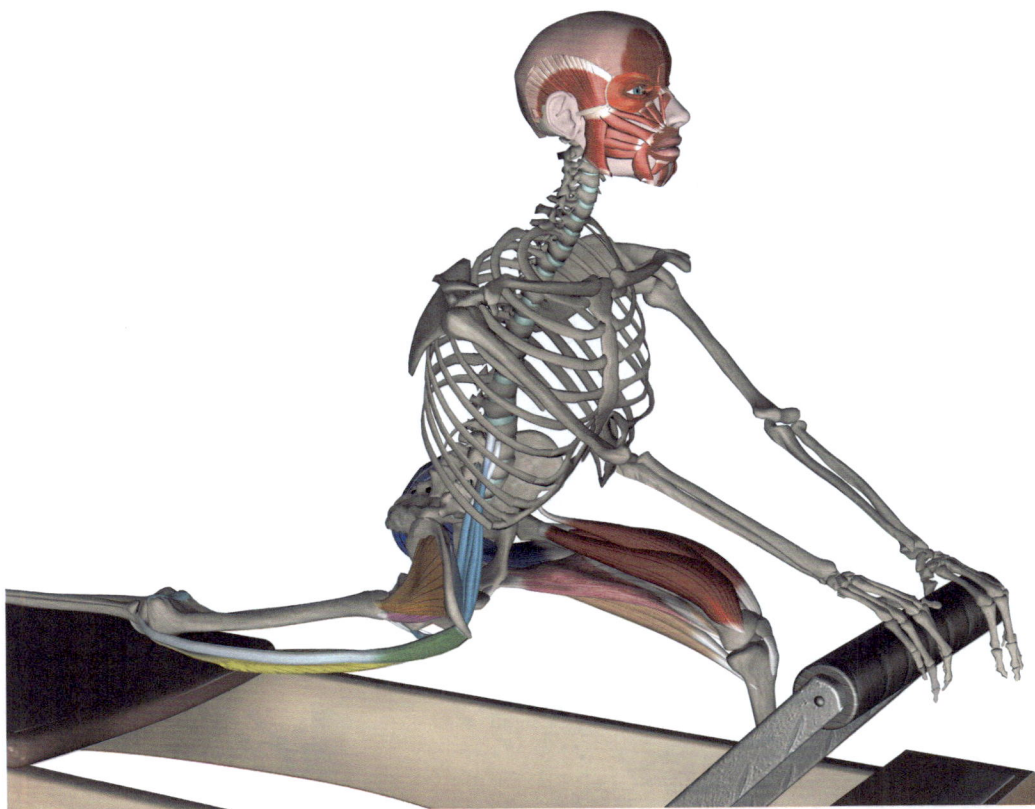

站姿弓箭步

- **适用人群**：初阶练习者 • **弹簧强度**：弱－中
- **目标肌肉**：髂腰肌、股直肌，以及前腿侧的腘绳肌、臀大肌、大收肌

A. 如何拉伸

将滑板推开，屈曲前膝并最大限度地降低髋部；用手臂支撑身体重量；髋部朝向正前方，与腿部保持在同一直线上，确保髋部不向任一侧旋转或倾斜。

A. 如何收缩

后脚和膝关节下压滑板，同时下压前脚。

B & C. 如何再拉伸

进一步降低髋部；骨盆后倾；抬起后膝，但不抬高髋部（参见C图）；收紧腹部肌肉。

需要注意什么？

- 避免腰部过度伸展。
- 避免在起始位置时髋部过高。
- 避免前膝角度过窄——保持脚在膝关节前方，不要在其正下方，以免在抬起后膝时连带抬高髋部。

变式一和二

变式一

打开髋部，露出后腿的内侧，即整个内收肌群。微调姿势寻找拉伸感。

变式二

按照上面的说明，但是站在如图所示的床架内。你会发现这个变式可以让手臂更好地支撑身体。你的手臂能承担的身体重量越多，髋部肌肉就越能放松。

变式三

"过度旋转"骨盆将拉伸重点转移到骨盆带外侧的阔筋膜张肌以及臀中肌和臀小肌的前部。

A & B . 如何拉伸

采用变式二相同的姿势，但改变初始脚的位置。站在普拉提床架内，将右脚放在左肩托上，这样，双腿将会排成一条直线，而不是像上面的拉伸动作那样保持彼此平行。尽可能降低髋部。通过收缩股四头肌来伸直后腿（参见 B 图）。

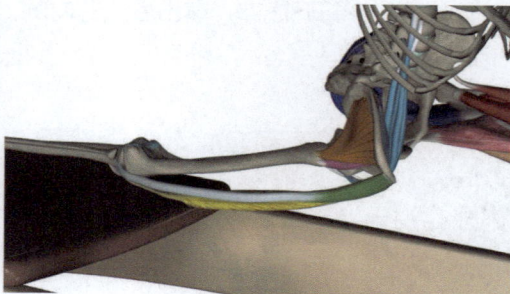

C. 如何拉伸

尽可能将骨盆和躯干的右侧向脚踏杆方向旋转。通过将脐部向脊柱方向内收来收紧腹部肌肉。将尾骨（译者注：即脊柱的最末端部分）向下压或向内收。一旦形成拉伸姿势，保持 90 秒。同时可以微调姿势以加深拉伸效果。

弓箭步 2.0

- **适用人群：**中阶、高阶练习者 • **弹簧强度：**弱 – 中
- **目标肌肉：**髂腰肌、股直肌，以及前腿侧的腘绳肌、臀大肌、大收肌

A. 如何拉伸

推开滑板，屈曲前腿膝关节至略超过 90 度；髋部尽量降低；保持前腿角度不变，同时将后腿向后蹬出。手臂撑在前腿内侧；挺起胸部以激活背阔肌。

B. 如何收缩

后脚和膝关节下压滑板。前脚压向普拉提床。

C. 如何再拉伸

髋部进一步降低。抬起后膝，但不要抬高髋部。如有需要，可以移动双手以获得更多支撑。

需要注意什么？

- 避免腰部过度伸展。
- 避免在起始位置时髋部没有降低。
- 避免前膝角度过小。

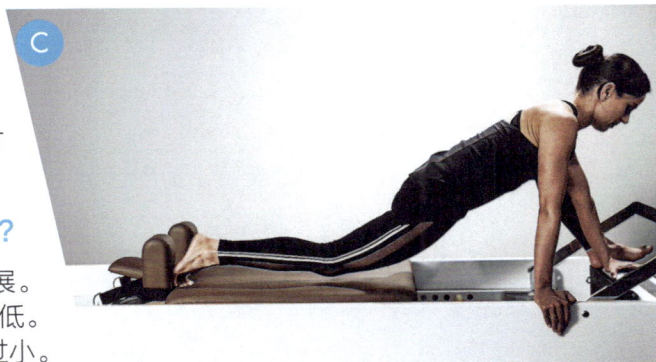

弓箭步 2.0 可以有效地拉伸**股直肌**、**大收肌**和**腰大肌**（如下图所示）。

通过挺胸保持背部挺直，可以激活背阔肌。这将对胸腰筋膜产生张力，并支撑腰部区域。

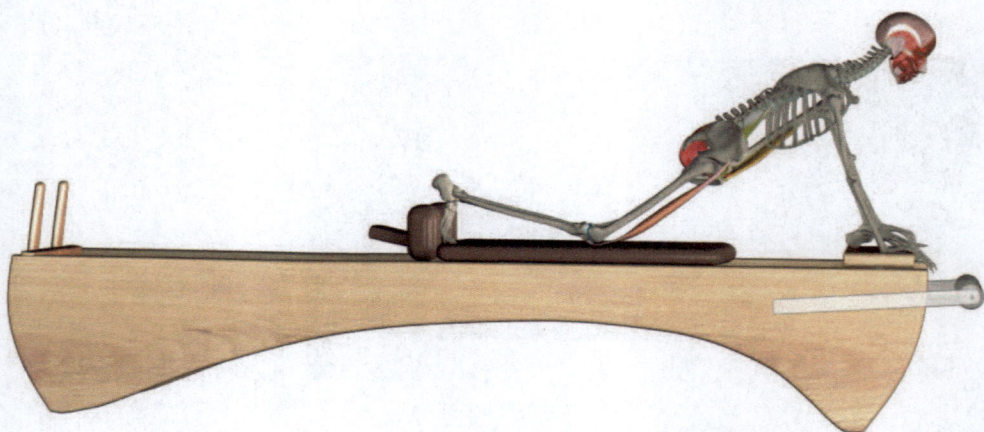

▶ 胸腰筋膜图参见第 1 章。

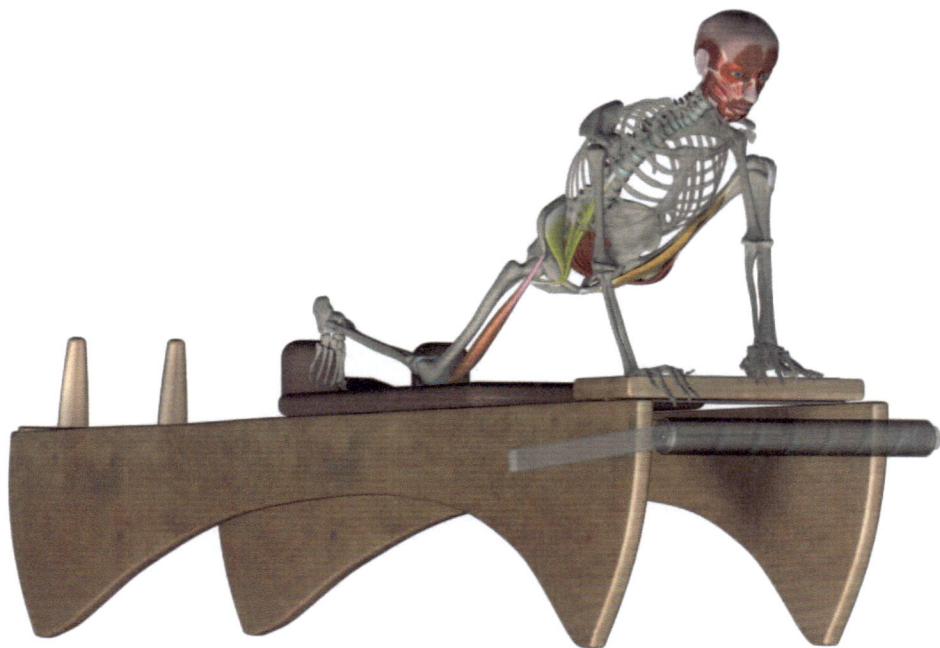

▲

股直肌附着在骨盆前端下方的两个被称为髂前上棘（ASIS）的位置。

腰大肌附着在腰椎前部。它与**髂肌**汇合，然后共同止于股骨小转子上。

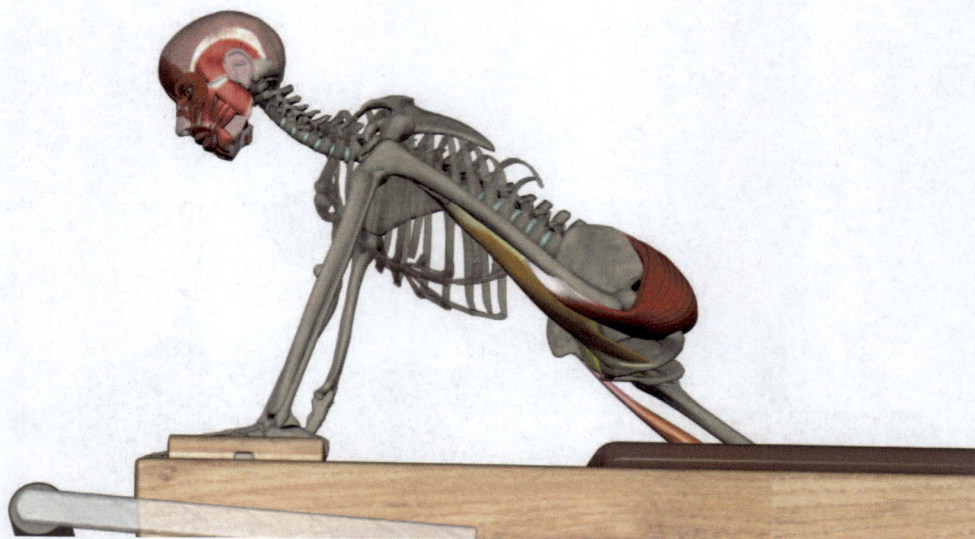

▲

臀大肌的一部分附着在股骨上。因此，当腿部像这样强力屈曲时，它会被拉伸。

做这个动作时，**大收肌**的一部分也会被拉伸。

髋屈肌拉伸，"经典式"！

- **适用人群：**中阶、高阶练习者 • **弹簧强度：**弱－中
- **目标肌肉：**髂腰肌、股直肌、长收肌、耻骨肌、次级－前腿下侧肌群－腘绳肌、臀大肌、大收肌

A. 如何拉伸

推开滑板并确保前侧髋骨水平对齐；收紧腹部（髂前上棘）和臀大肌，将尾骨向内收，以实现骨盆后倾；尽可能降低髋部。

A & B. 如何收缩

后脚和膝关节压向滑板。

B. 如何再拉伸

进一步降低髋部。手臂下压脚踏杆，以激活腹肌。

需要注意什么？

- 避免腰部过度伸展。
- 保持骨盆后倾。
- 避免胸椎屈曲。

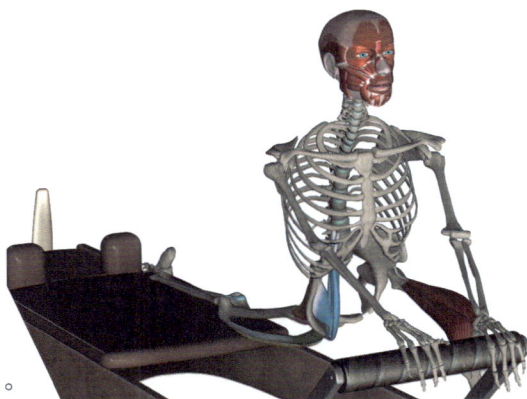

主要的髋屈肌是**髂腰肌**。当你骨盆后倾时，髂腰肌在腰椎和骨盆内侧的起点会与其在股骨上的止点远离，从而产生拉伸。

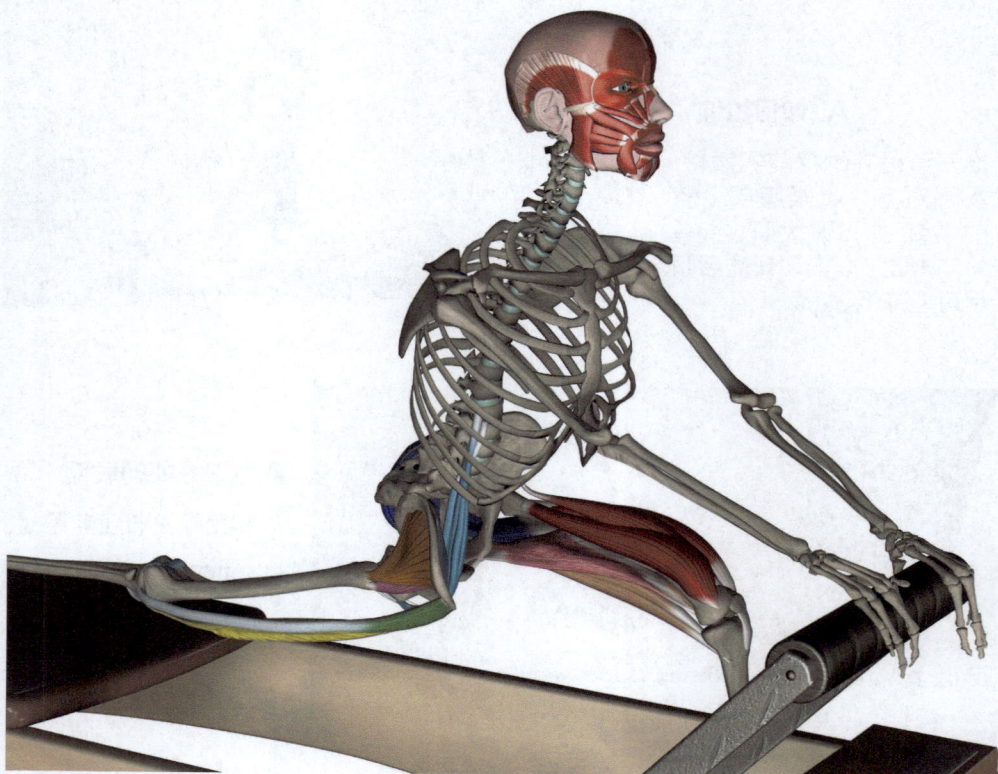

股四头肌收缩会推动滑板远离。通过收缩它们，前腿后侧的肌肉——**腘绳肌**和**大收肌**——将通过一种叫作交互抑制的过程被抑制。这使它们能够更深入地拉伸。

此图展示了外侧髋屈肌：**臀中肌**、**臀小肌**和**阔筋膜张肌**。
髋外展肌（臀中肌和臀小肌）的前部纤维是髋关节屈曲的协同肌。

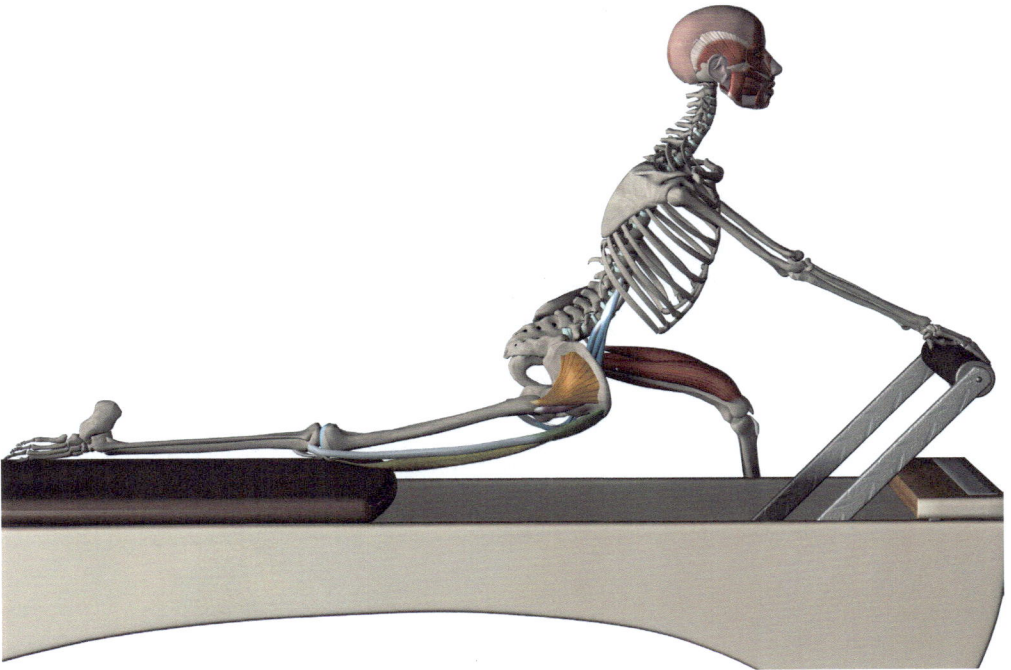

你还可以看到**股直肌**。

变式

将正在拉伸的髋关节向脚踏杆方向旋转，这样可以更好地拉伸阔筋膜张肌以及臀小肌和臀中肌的前部。

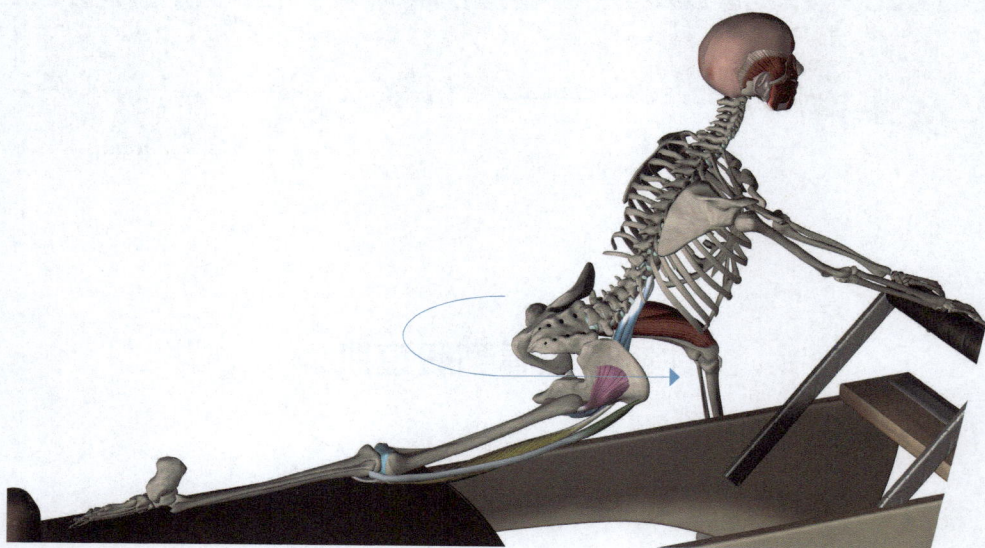

髋屈肌拉伸 高阶

- **适用人群：** 高阶练习者 • **弹簧强度：** 中
- **目标肌肉：** 同侧所有的髋屈肌和腹肌，以及前腿的臀大肌、腘绳肌和大收肌

A. 如何拉伸

将前脚放在脚踏杆上，后脚靠在肩托上，挺起胸部；髋部朝向正前方，与腿部保持在同一直线上，确保髋部不向任一侧旋转或倾斜。推动滑板使前膝处形成90度角并最大限度地降低髋部。后腿向后蹬出。

A. 如何收缩

将前脚压向脚踏杆。
将后膝和脚压向滑板。

B. 如何再拉伸

保持前腿膝关节呈90度角，后腿向后蹬并尽可能降低髋部；挺起胸部并向后倾；进行深腹式呼吸以扩张腹腔。

C. 变式

将胸部和髋部最大限度地向左旋转，以锻炼后髋屈肌。

59

股四头肌参与下的
髋屈肌拉伸

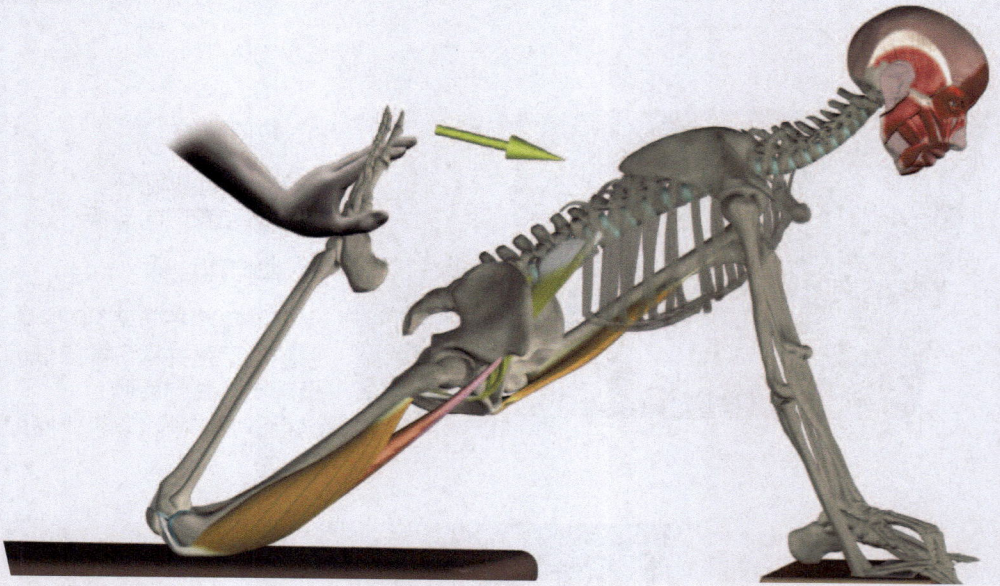

弓箭步 3.0：股直肌和股四头肌的拉伸

- **适用人群：**中阶、高阶练习者 • **弹簧强度：**弱 – 中
- **目标肌肉：**髂腰肌、股直肌、股四头肌，以及前腿侧的腘绳肌、臀大肌、大收肌

A. 如何拉伸

练习者用前腿将滑板推开，屈曲前膝至略超过 90 度，最大限度地降低髋部，在保持前腿角度不变的同时将后腿向后蹬出；将双手放在前腿内侧；抬起后脚缓慢向臀部方向靠近；辅助者下压练习者骨盆，确保髋部不要上抬。

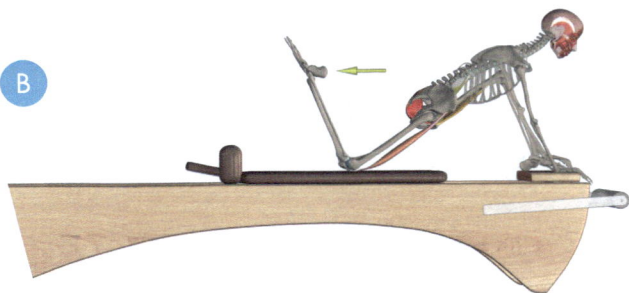

B. 如何收缩

练习者后脚压向远离臀部的方向；后腿膝盖下压滑板；前脚下压普拉提床。

C. 如何再拉伸

练习者进一步降低髋部；将后脚向臀部方向进一步下压。

需要注意什么？

- 避免髋部在开始位置没有降低。
  - 避免前膝角度过窄。
    - 避免髋部后倾。

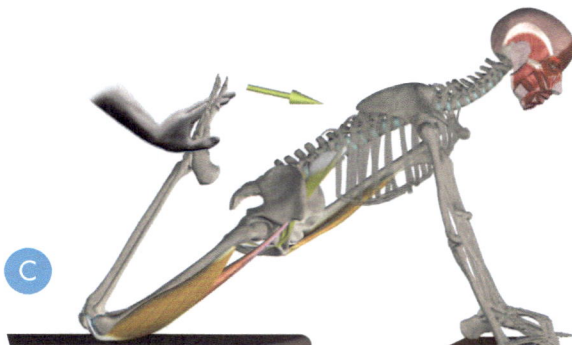

大腿拉伸

- **适用人群：**任何人群 • **弹簧强度：**强
- **目标肌肉：**股直肌、股四头肌、胫骨前肌、趾伸肌

A. 如何拉伸

双手握住套环，身体坐在脚跟上；骨盆后倾；身体向后倾斜，始终保持骨盆后倾；如果有辅助者，（请他们）下压练习者的膝关节。

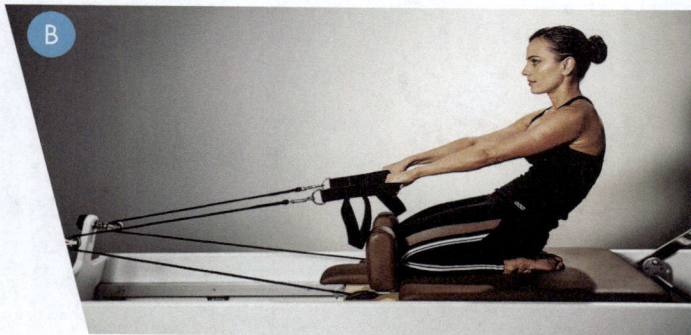

B. 如何收缩

将后脚脚背和脚趾压向滑板；将胫骨下压至滑板。

C. 如何再拉伸

保持骨盆后倾，并进一步向后倾斜身体。收缩腹部肌肉。

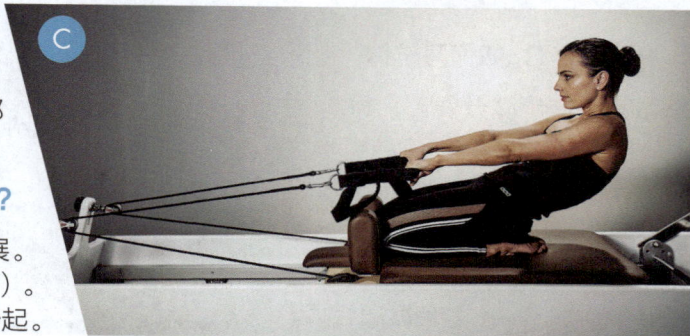

需要注意什么？

- 避免腰部过度伸展。
- 避免双腿分开（外展）。
- 避免膝关节抬起。

腹直肌收缩会导致骨盆后倾。因为**股直肌**附着在骨盆上，
这个动作将加强该肌肉的拉伸。

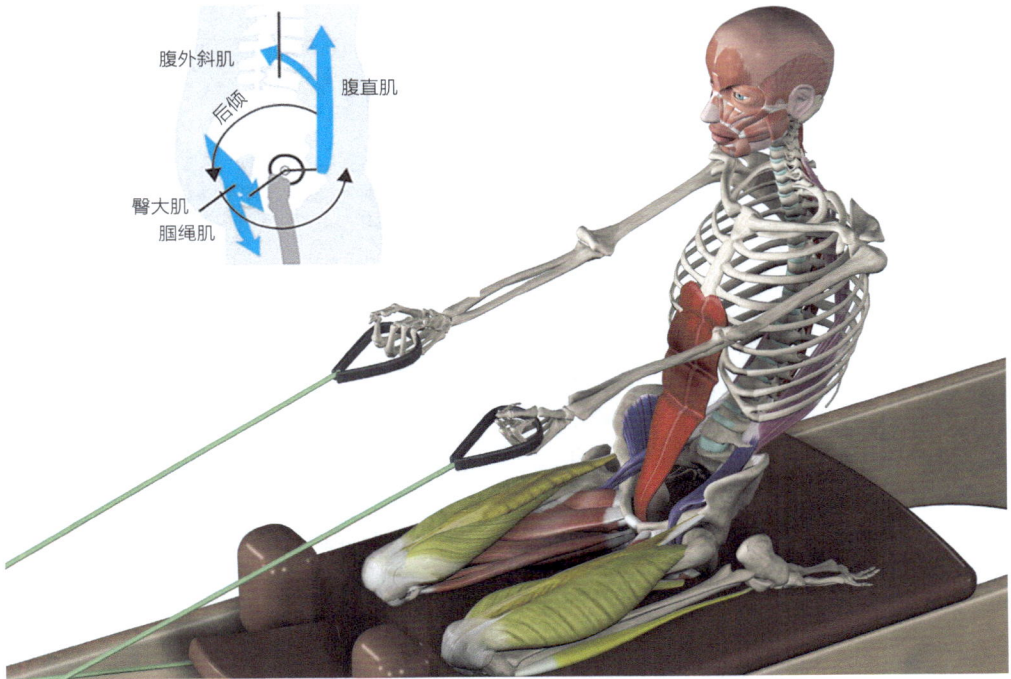

脊柱大幅屈曲时，**竖脊肌**也可能会有拉伸感。请注意，
股四头肌、内收肌和髂肌这些大体积的肌肉都起始于骨
盆内侧。

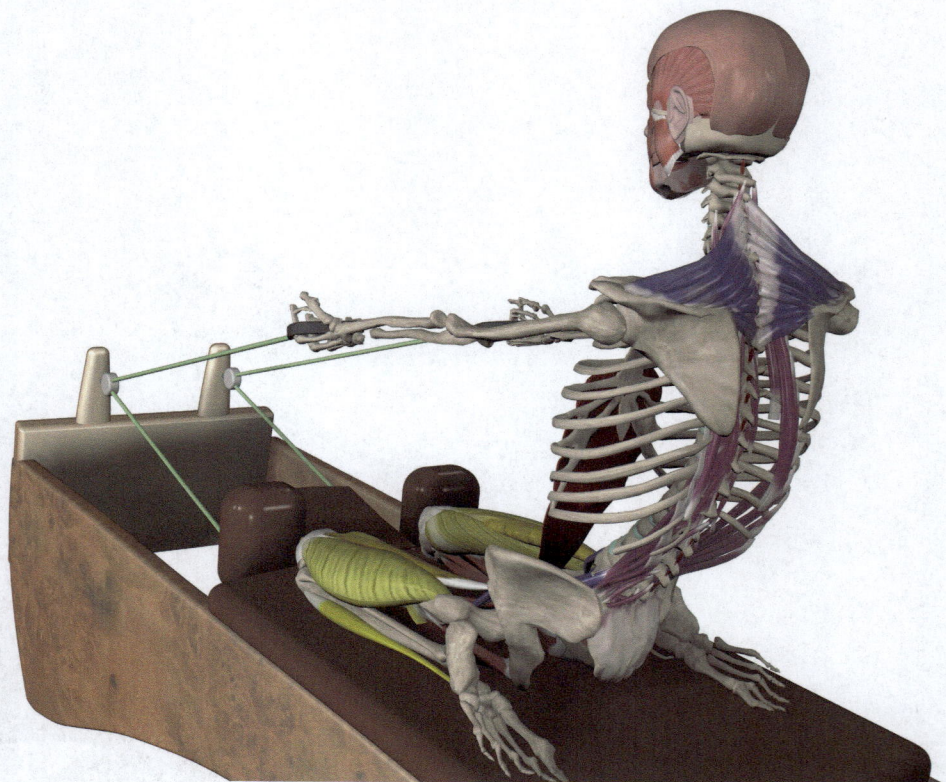

当你进一步向后倾斜时（如果你的股四头肌允许的话），
你的肩胛骨会分开。这叫作前伸或外展。

在这种情况下，斜方肌上束肌纤维和

中束肌纤维会被拉伸。

哥斯拉（Godzilla）

- **适用人群：** 中阶、高阶练习者 • **弹簧强度：** 弱 – 中
- **目标肌肉：** 股直肌、股四头肌、胫骨前肌、趾伸肌

A. 如何拉伸

握住后脚，将胫骨靠在肩托上。骨盆后倾；确保髋部与腿线呈一条直线；将后脚拉向臀部。

A. 如何收缩

将脚跟和脚趾向手的施力方向压；后膝压向滑板。

B & C. 如何再拉伸

保持骨盆后倾，将脚拉向臀部。通过屈曲前腿来降低髋部。

需要注意什么？

- 避免腰部过度伸展。
- 在降低髋部时，避免脚远离臀部。
- 将髋部朝向正前方，与腿部保持在同一直线上，确保髋部不向任一侧旋转或倾斜。

65

第4章

臀肌

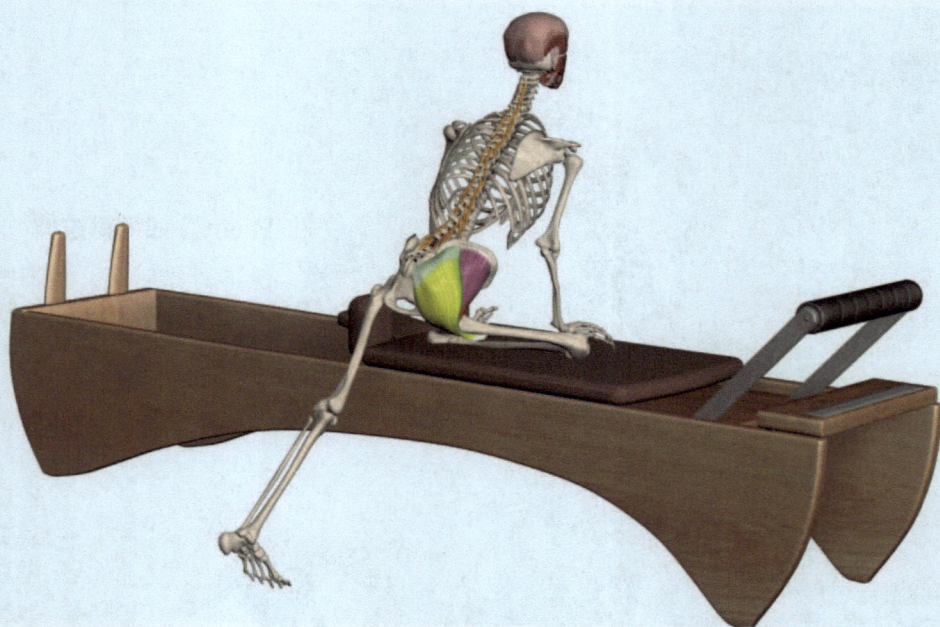

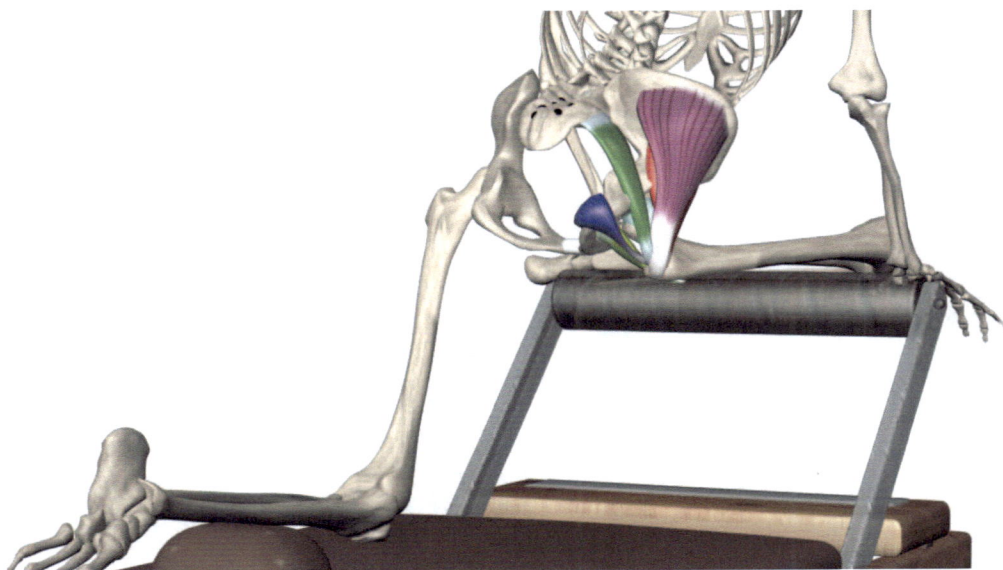

　　"臀肌"是一个用来描述这一区域大量肌肉的相对笼统的术语。它包括臀大肌、臀中肌和臀小肌，以及6块"短外旋肌"，这些肌肉起到稳定髋关节后侧的作用。短外旋肌包括梨状肌、闭孔内肌、闭孔外肌、上孖肌、下孖肌以及股方肌。

　　这些肌肉在所谓的解剖学姿势中都有主要作用，但当动作超出解剖学姿势时，它们的作用可能会发生显著变化。这是因为它们的力线发生了变化。与迄今为止研究过的其他肌肉一样，你需要探索多种髋关节和股骨的角度。这样做可以将拉伸的重点转移到不同位置，并尽可能确保每块肌肉在某个时刻都成为"主要目标"。

　　拉伸的本质在于找到你紧绷的区域、肌肉以及肌肉内的纤维。如果不将注意力向内集中并进行探索，就无法实现这一本质。

仰卧臀肌拉伸

- **适用人群**：初阶练习者 • **弹簧强度**：中
- **目标肌肉**：臀肌，包括深层髋外旋肌

A & B. 如何拉伸

推开滑板，一侧膝关节屈曲，并将脚踝放置在对侧大腿上。骨盆保持中立位；可以将手放在腰部以辅助支撑。控制滑板回弹到使目标肌肉达到紧张点（POT）的位置。

B. 如何收缩

将脚踝压向大腿。

C. 如何再拉伸

让滑板进一步向脚踏杆方向移动。将拉伸腿的膝关节向外推。

需要注意什么？

- 避免腰部过度平直。
- 避免臀部抬起 / 骨盆后旋。
- 避免骨盆侧向旋转。

坐姿*髋外旋肌拉伸

- **适用人群：**初阶、中阶、高阶练习者 **● 弹簧强度：**强
- **目标肌肉：**臀肌，特别是深层髋外旋肌

A & D. 如何拉伸

站姿，将一条腿横放在滑板上，脚抵在对面的肩托上；伸直后腿；调整髋部，使其与后腿呈一条直线；保持骨盆水平（对许多人来说，这本身就是一种拉伸）。

A. 如何收缩

将脚踝压向滑板。

B & C. 如何再拉伸

挺起胸部，身体前倾。将胸骨／胸骨柄向脚的方向倾斜。用力蹬伸后腿，进一步使骨盆前倾。

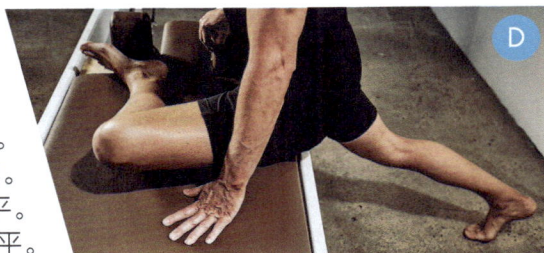

需要注意什么？
- 避免腰部过度平直。
- 避免脊柱弯曲／屈曲。
  - 保持髋部水平。
  - 保持骨盆水平。

*译者注：这里的坐姿被定义为骨盆位于稳定支撑面上，坐骨起主要支撑作用的姿势。

坐姿*臀肌拉伸

- **适用人群**：初阶、中阶、高阶练习者 · **弹簧强度**：强
- **目标肌肉**：臀肌，特别是臀大肌

A & B. 如何拉伸

将一条腿横放在滑板上，脚放在头部靠垫上；将膝关节和肚脐线对齐；调整髋部使其与后腿线呈一条直线；保持骨盆水平。如果 A 位置的拉伸感不强，则继续到 B 位置。

B. 如何收缩

躯干向前倾；将腋下朝向对侧膝关节；最大限度地旋转骨盆 / 髋关节直至与双腿呈一条直线。

B. 如何再拉伸

将腿压向滑板。

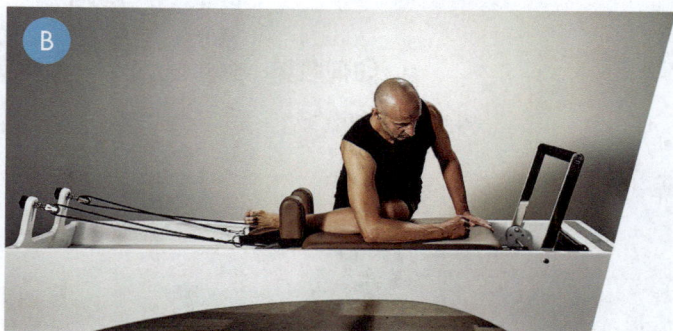

C. 高级

用下方的手抓住并拉动侧杆；上方的手压向脚踏杆。

需要注意什么？

- 保持髋部水平。
- 保持髋部处于中立位。
- 确保胸部旋转，而非骨盆旋转。

*译者注：这里的坐姿被定义为骨盆位于稳定支撑面上，坐骨起主要支撑作用的姿势。

臀大肌位于**臀中肌**的上方 ， 并完全掩盖了 6 块深层
外旋肌。

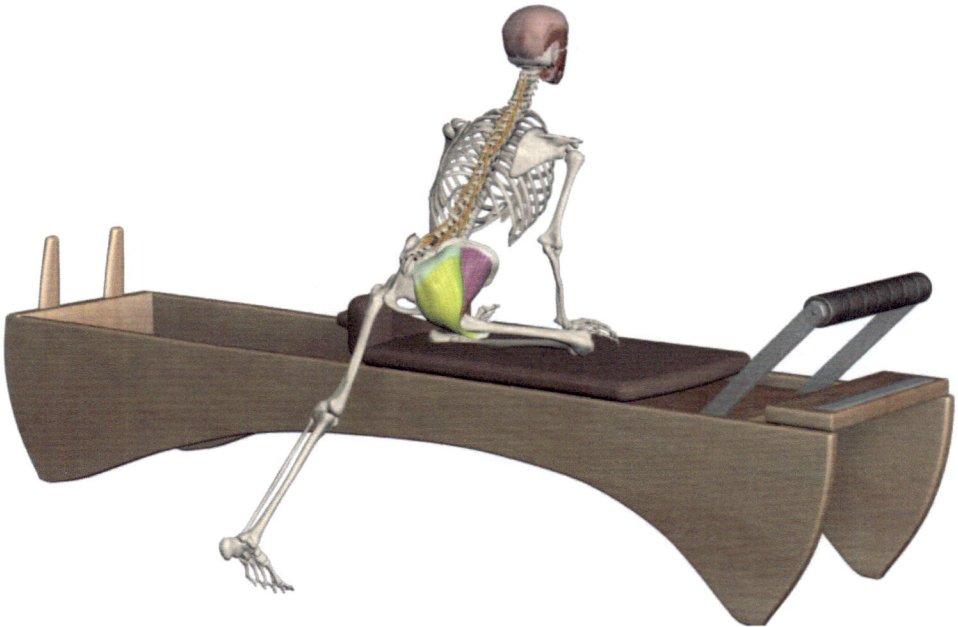

请注意躯干的深层肌肉，

即**多裂肌**，其作用是稳定脊柱节段或椎骨之间的关系。

鸽子式拉伸

- **适用人群**：高阶练习者 • **弹簧强度**：中
- **目标肌肉**：臀肌，特别是深层髋外旋肌

A & B. 如何拉伸

将腿横放在脚踏杆上；将
后脚靠在肩托上；髋部摆
正，与后腿呈一条直线；保
持骨盆水平。

A. 如何收缩

将脚踝压向脚踏杆。

B. 如何再拉伸

髋部降低到脚踏杆高度以
下；后腿进一步向后推。

C. 高阶动作

抬起后膝但不抬高髋部，
将滑板推开。

需要注意什么？

- 避免腰部过度平直。
  - 保持髋部水平。
  - 保持髋部中立位。

臀中肌、**臀小肌**、**梨状肌**和**闭孔内肌**，这些肌肉均附着于股骨大转子。当进行髋部的屈曲和外旋动作，并将身体向相反方向侧倾时，你会明显感受到相关肌肉的拉伸感。

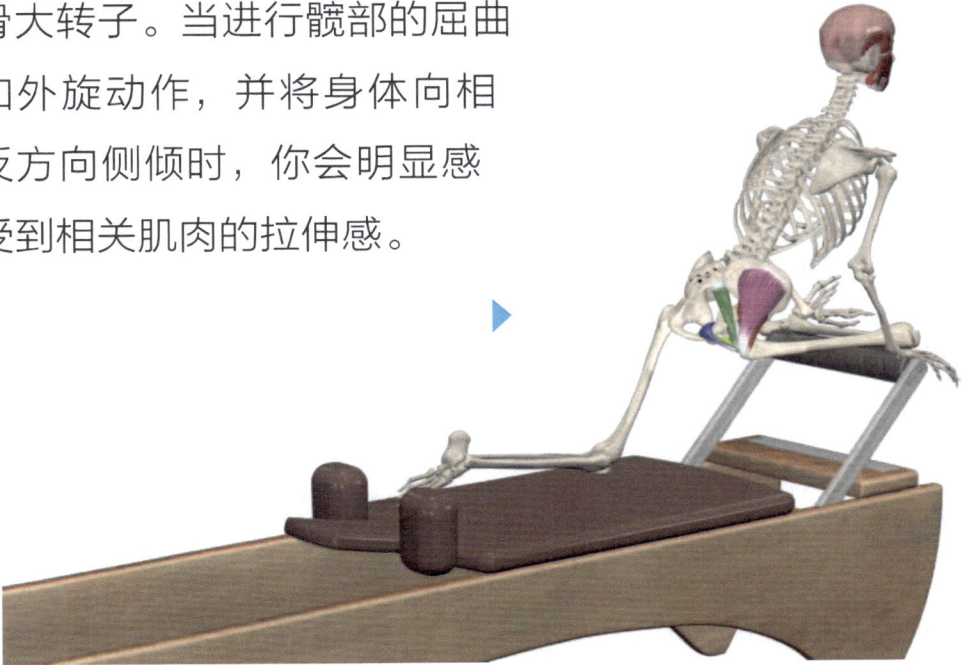

第5章

内收肌

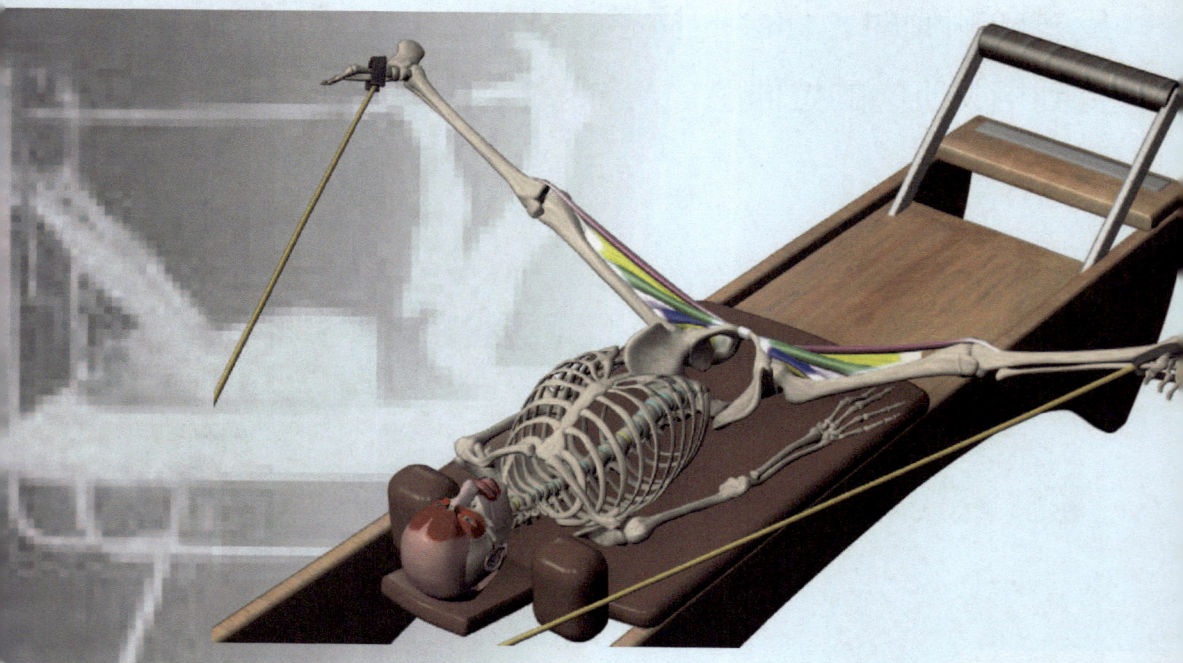

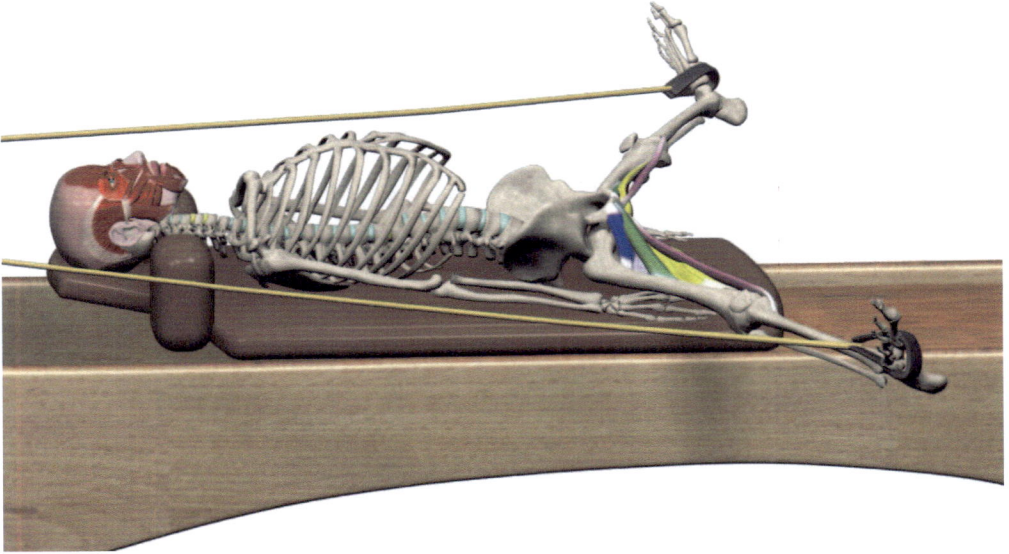

内收肌的力线从多个不同的方向作用于髋关节。至少有 5 个主要内收肌和 3 个次要内收肌。所谓的"次要"肌肉是指在不同关节角度下，其拉力线可以协助完成主要动作的肌肉。这种方向上的变化赋予了它们一种实用功能。在某些髋关节角度下，它们可以伸展髋部；在其他角度下，它们可以协助屈曲髋部。

这也意味着，要拉伸所有内收肌，你需要尝试探索各种骨盆和股骨的角度，以便所有的肌纤维都能被有效拉伸。你会注意到，本章中的许多拉伸动作都进行了扩展和变式，就是这个原因。试试这些动作，像往常一样，专注于练习那些最难的动作！

仰卧分腿拉伸

- **适用人群：**任何人群 • **弹簧强度：**中
- **目标肌肉：**整个内收肌和内侧腘绳肌

A. 如何拉伸

脚插入套环中，将双腿抬高至与地面呈 90 度。双手握住绳索，使双腿缓慢分开至目标肌肉达到紧张点（POT）；如果感觉舒适，可以放开手中的绳索（图中未展示）。

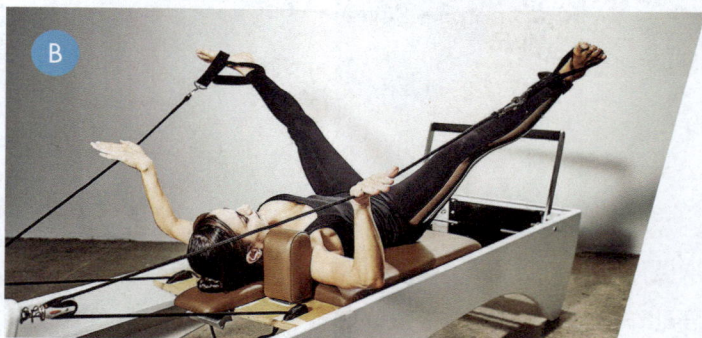

B. 如何收缩

将双腿用力并拢，同时双手控制绳索，防止双腿移动。

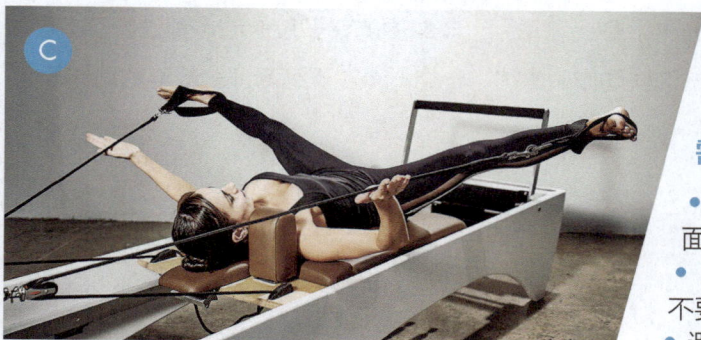

C. 如何再拉伸

让双腿进一步分开；双手向绳索施加阻力以增强拉伸效果。

需要注意什么？

- 开始时双腿要抬至与地面呈 90 度。
- 双腿保持放松（译者注：不要主动用力悬空或控制）。
- 避免拉伸速度过快。

当腿部屈曲幅度加大（即脚向普拉提床的后端移动）时，后侧内收肌（如大收肌）会被更强烈地拉伸。股薄肌是最长的内收肌，同时作用于膝关节和髋关节。

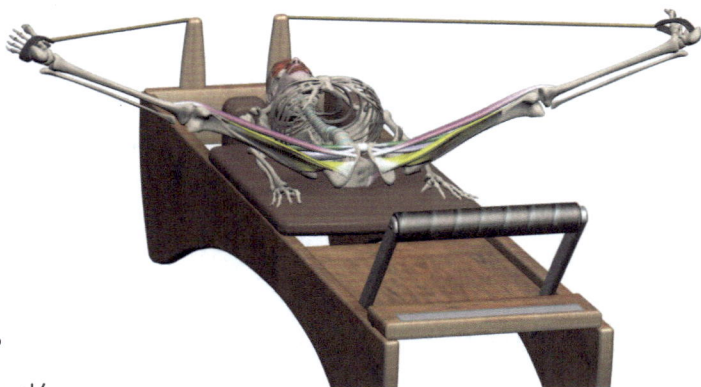

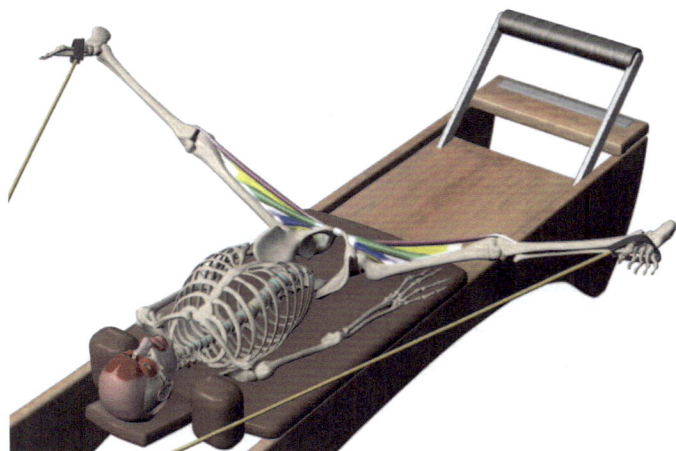

从解剖学角度看，内收肌分为三层。最表面的一层可以在图中看到，包括耻骨肌，长收肌和股薄肌。

影响不同内收肌的变式一和二

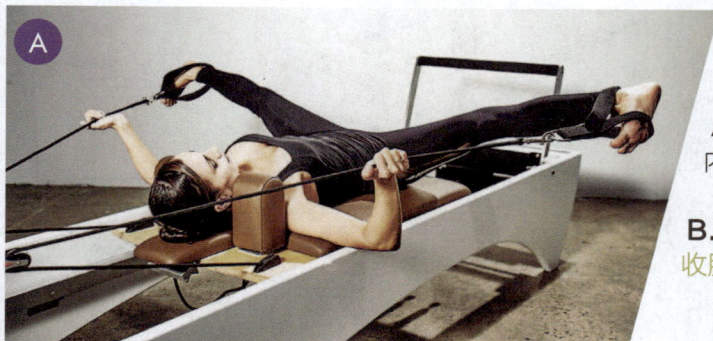

变式一

A. 腿部外旋，拉伸后侧内收肌：大收肌。

B. 腿部内旋，拉伸前侧内收肌：耻骨肌和长收肌。

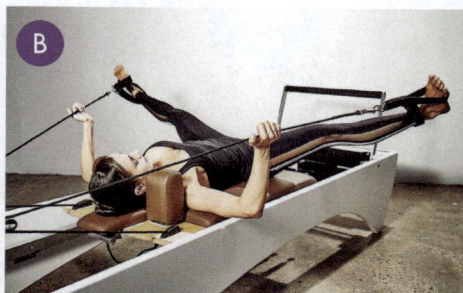

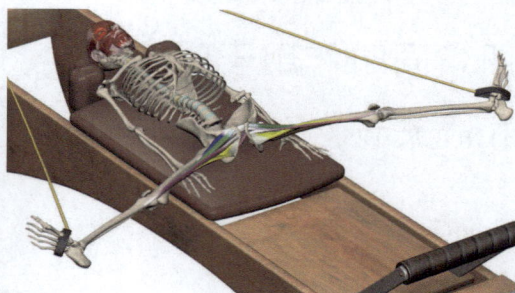

变式二

针对左右肌肉不平衡的情况，可以弯曲一侧膝关节，感受伸直腿的拉伸感；
根据感觉和需要，调整伸直腿的髋关节屈曲度（增加或减少屈曲的角度）；
髋关节屈曲的角度越大，腘绳肌和后侧内收肌的拉伸效果就越好。

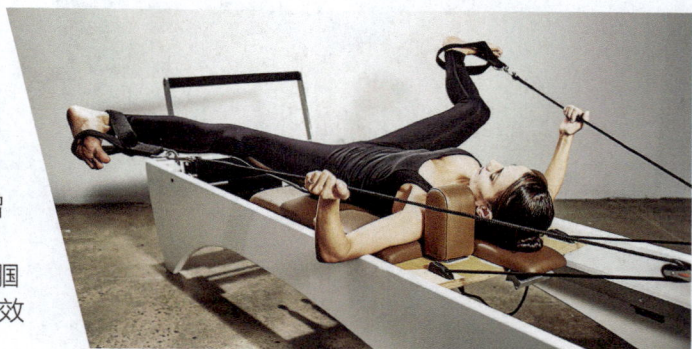

45 度仰卧分腿拉伸

- **适用人群**：任何人群 • **弹簧强度**：中
- **目标肌肉**：前侧内收肌和髋屈肌

A & B. 如何拉伸

脚插入套环中，将双腿抬高至与地面呈 45 度角；双手握住绳索，使双腿缓慢分开至目标肌肉达到紧张点（POT）；如果感觉舒适，可以放开手中的绳索（图中未显示）。

B. 如何收缩

（图中未显示。请参考"仰卧侧分腿拉伸，从 90 度开始"）；将双腿用力并拢，同时双手控制绳索，防止双腿移动（髋屈曲未在图中显示）。

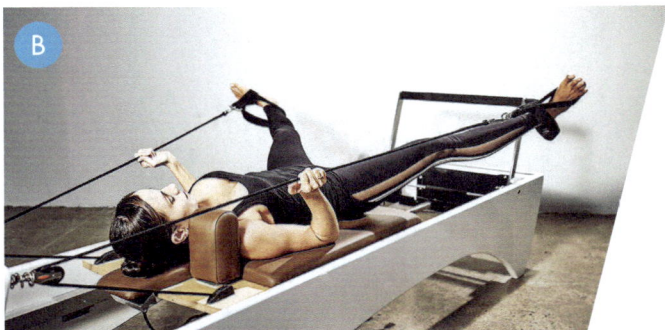

B & C. 如何再拉伸

让双腿进一步分开并向地面下压。双手向绳索施加阻力以增强拉伸效果。

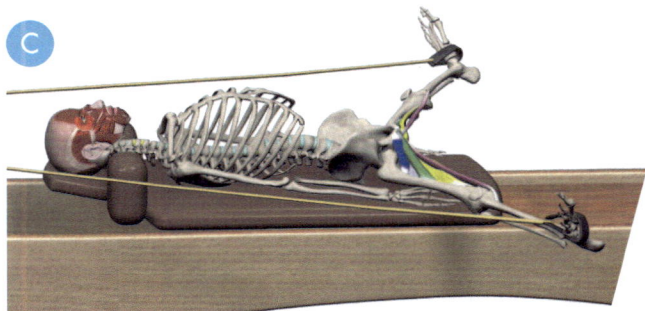

需要注意什么？

- 避免开始时腿部未达到与地面呈 45 度角。
- 可以逐步让双腿抬高，直至腿部与上半身之间的角度应大于 90 度（译者注：避免过度屈髋）。
- 双腿保持放松。
- 避免拉伸速度过快。

试试这个！

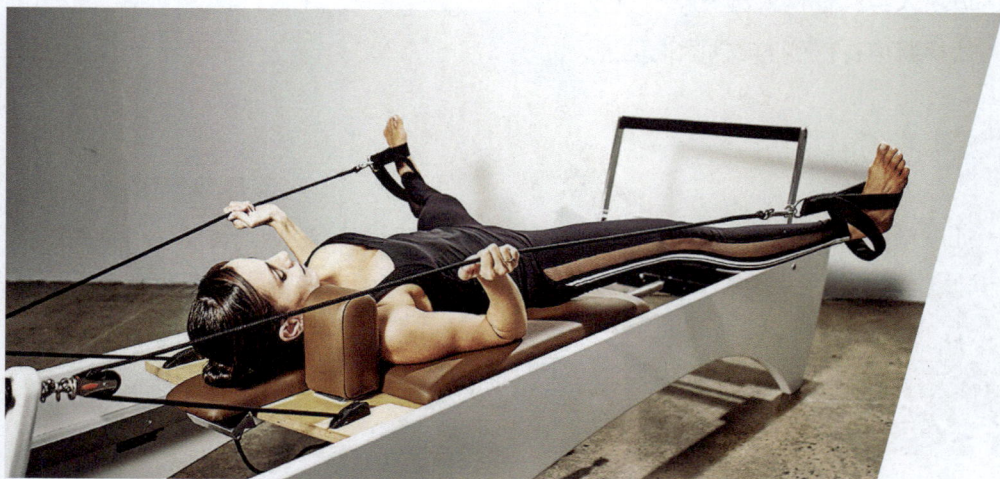

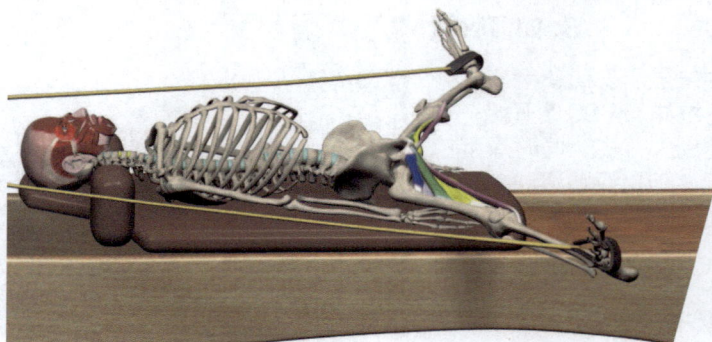

腿部内旋并将脚向地面方向下降，以便更有效地拉伸耻骨肌和长收肌。

站立短长拉伸

- **适用人群：** 任何人群 ● **弹簧强度：** 弱
- **目标肌肉：** 整个内收肌和腘绳肌

A & B. 如何拉伸

推动滑板至滑板上的腿（拉伸腿）的目标肌肉达到紧张点（POT）缓缓弯曲支撑腿的膝关节；利用手臂支撑身体重量。

B. 如何收缩

脚踩在滑板上向下压。

C. 如何再拉伸

将滑板进一步推离；同时弯曲支撑腿以降低臀部。

变式

A. 将臀部向后倾，远离滑板。

B. 将胸部向右转。

C. 将胸部向左转。

腘绳肌变式

A. 将腿和脚向上旋转（外旋），以激活腘绳肌。

B. 臀部向后倾，同时胸部向右转。

C. 胸部向左转。

"归位"变式

A. 通过弯曲上方的膝关节将滑板滑回。如果可能的话，将手肘放在滑板上。

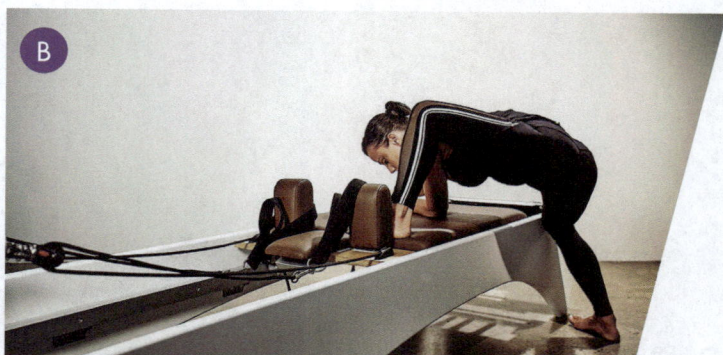

B. 将胸部降至大腿内侧。

C. 降低胸部并转向滑板上方的脚的方向。

蛙式拉伸

- **适用人群：**任何人群 ● **弹簧强度：**弱
- **目标肌肉：**内收肌

A. 如何拉伸

跪在普拉提床上，保持髋部与膝关节呈一条直线。将滑板（双腿外展）推至目标肌肉达到紧张点（POT）；可以使用手臂和腿部力量来移动滑板。

A. 如何收缩： 将双腿并拢

B. 如何再拉伸

让膝关节 / 双腿进一步分开，并降低髋部；用双臂辅助，抓持床框并支撑身体重量。

变式

A. 将髋部向前向后倾斜。

B. 向右转动并保持该姿势。

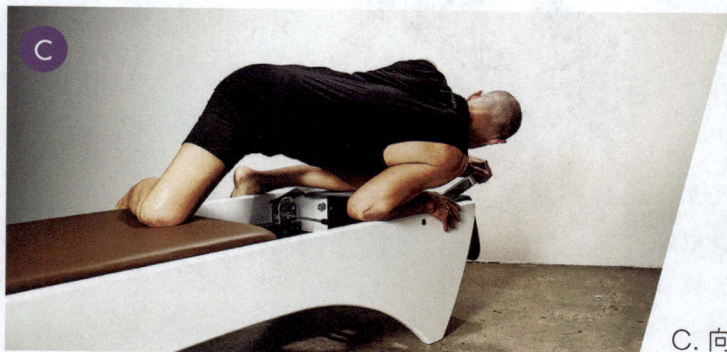

C. 向左转动并保持该姿势。

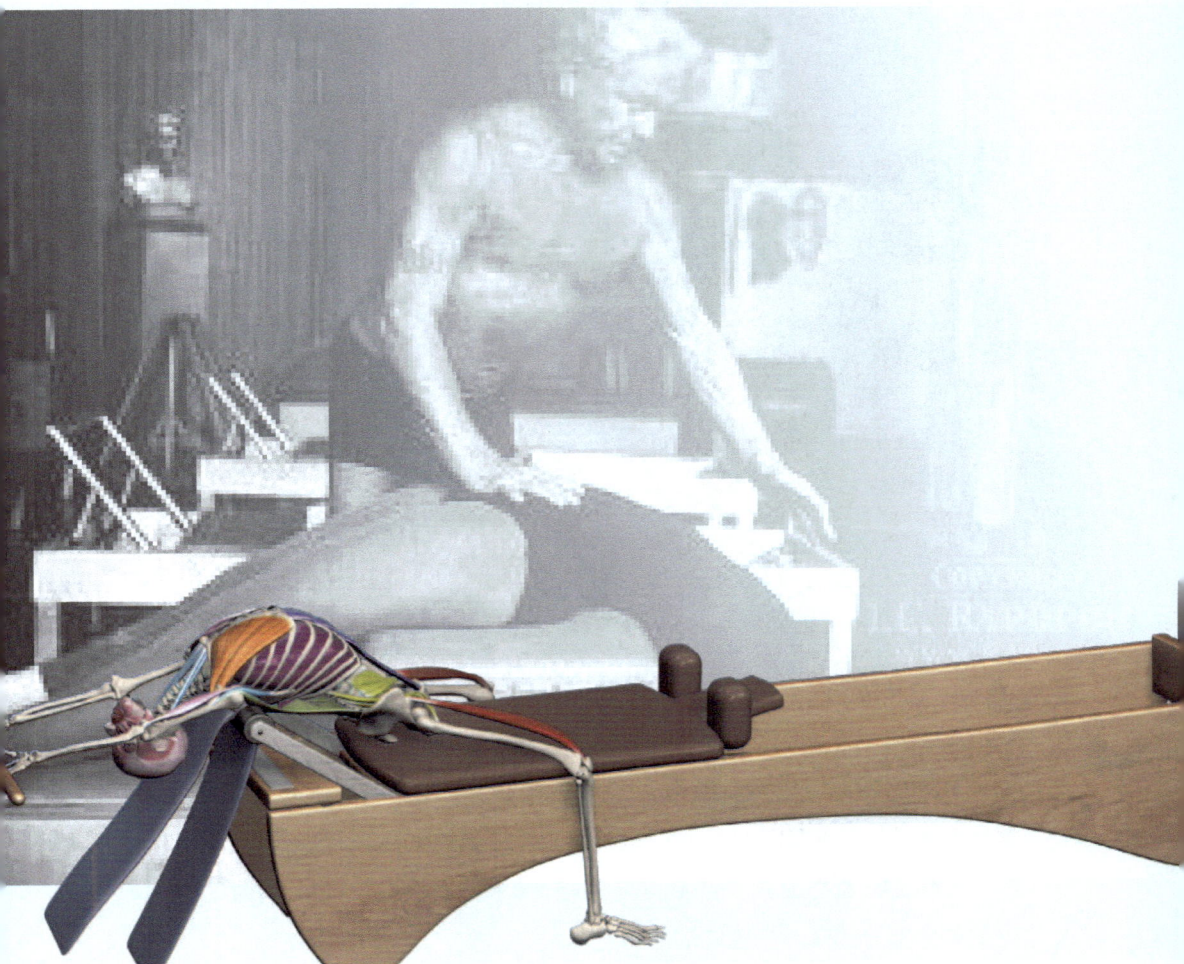

第6章

脊柱

"如果你 30 岁时脊柱僵硬，那你已经老了。如果你 60 岁时脊柱仍灵活，那你依然年轻。"

—— 约瑟夫·普拉提

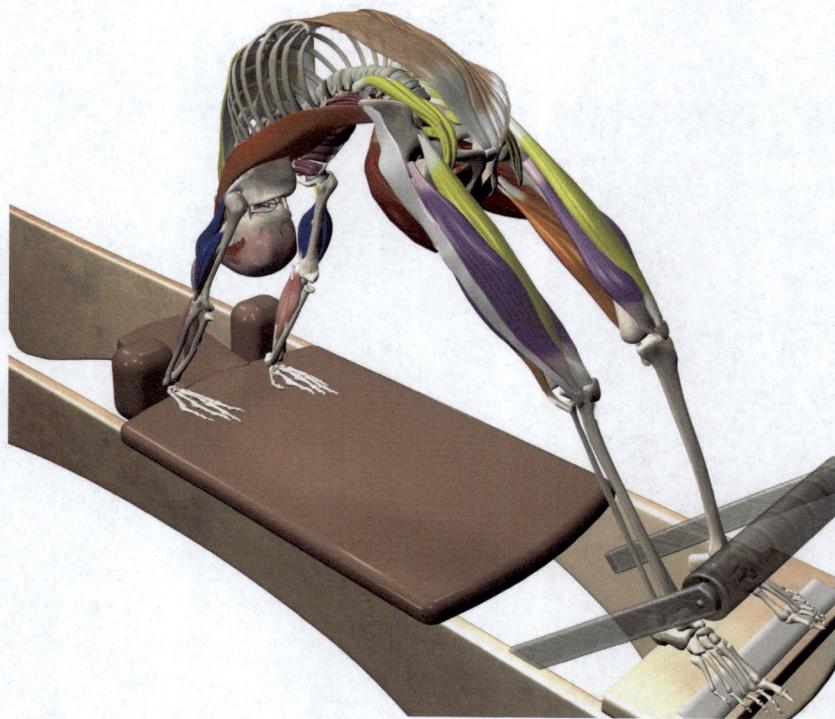

本章围绕脊柱的各种运动展开。包括屈曲或前屈，以及它的相对运动——伸展或后弯，旋转或扭转，以及侧屈或侧弯。这些运动及其组合是日常生活中的基本动作，对维持健康的脊柱至关重要。

每个部分都包含从初阶到高阶的拉伸动作。确保在你的练习中，至少从每个部分选择一个拉伸动作。

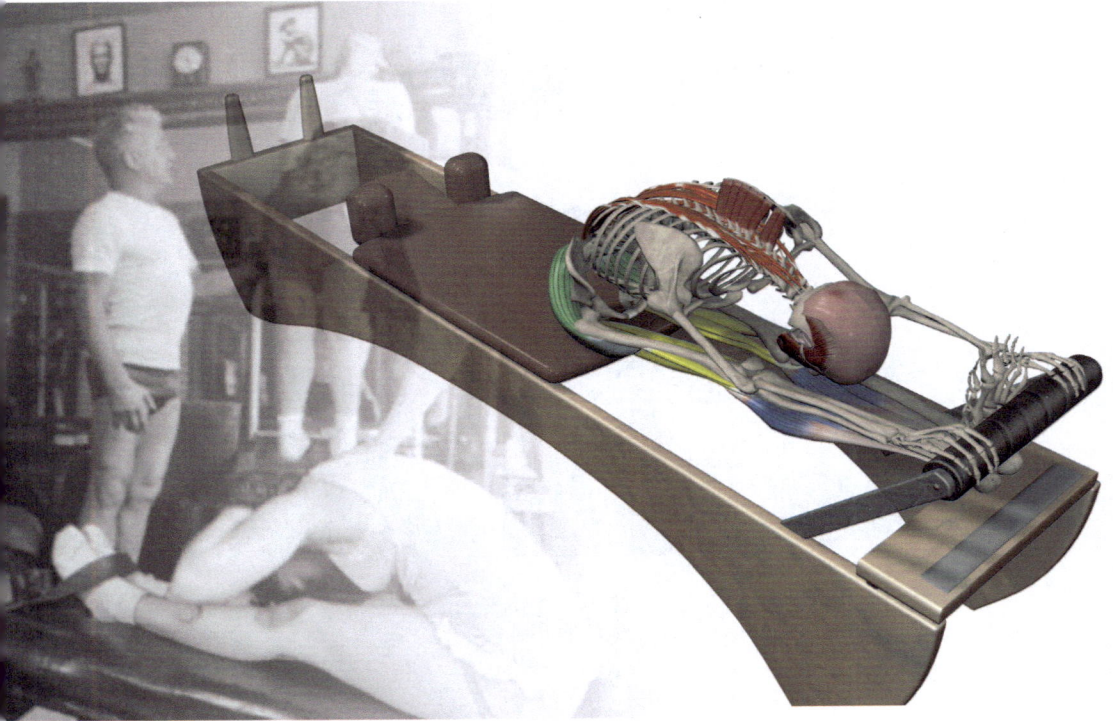

屈曲

屈曲 / 反向卷曲

- **适用人群**：任何人群 • **弹簧的张力**：中
- **目标肌肉**：从浅层到深层的所有脊柱伸肌，肩胛提肌、斜方肌上部、菱形肌、夹肌

A & B. 如何拉伸

坐在普拉提床上，双手放在肩托上，手臂轻微弯曲；骨盆向后倾斜或者滚动向后（后倾）；收紧腹部肌肉；手臂向外推肩托并将下巴向胸部靠近。

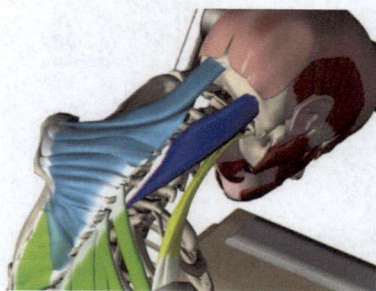

C. 变式

头部向两侧肩膀倾斜（侧屈）并旋转（肩胛提肌、斜方肌上部）。

需要注意什么？

- 避免骨盆倾斜不足；
- 避免手臂未向外推；
- 避免未将头部侧倾。

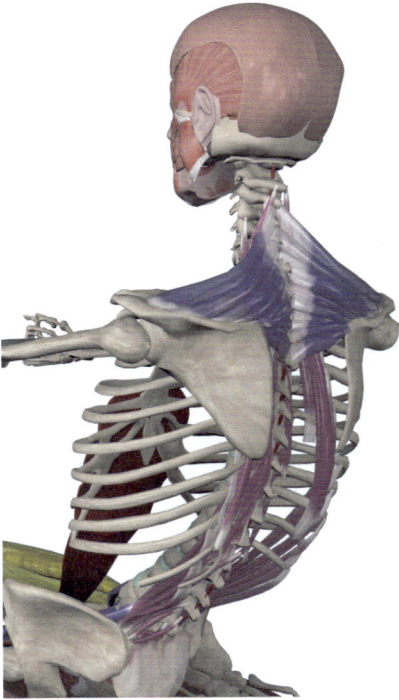

竖脊肌和斜方肌中部会在躯干屈曲以及肩胛骨分离（被称为"前伸"）时被拉伸。

收紧腹部肌肉以加深躯干的屈曲并增加骨盆后倾。腰小肌也可能参与此动作。

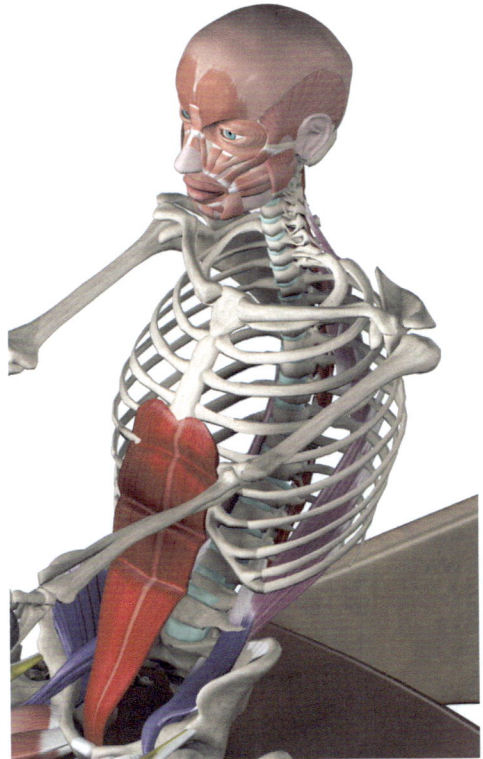

后链拉伸

- **适用人群：**初阶练习者 • **弹簧强度：**弱－中
- **目标肌肉：**从浅层到深层的所有脊柱伸肌，腘绳肌、小腿肌群、大收肌、臀大肌、背阔肌

A & B. 如何拉伸

坐在滑板上，双脚放在器械上相对较低的位置（普拉提床框架前侧）；双脚位置与坐骨对齐；慢慢尝试伸直腿至目标肌肉达到紧张点（POT）；将下巴靠近胸部。

B. 如何收缩

将脚压向普拉提床。

C. 如何再拉伸

进一步伸直双腿。

需要注意什么？

- 避免滑板移动过快。
- 确保将下巴向胸部方向靠拢。
- 避免胸部过度屈曲和双腿屈曲。

后链拉伸 2.0

- **适用人群：** 初阶练习者 ● **弹簧强度：** 弱 - 中
- **目标肌肉：** 从浅层到深层的所有脊柱伸肌，腘绳肌、小腿肌群、大收肌、臀大肌、背阔肌

A & B. 如何拉伸

坐在普拉提床上，将双手和双脚前脚掌放在脚踏杆上，双脚与坐骨对齐；慢慢地尝试将双腿伸直至目标肌肉达到紧张点（POT）；将下巴向胸部方向靠拢。

B. 如何收缩

将双脚下压向脚踏杆。尝试抬起胸部以伸直脊柱。

C. 如何再拉伸

尽可能完全伸直双腿。

需要注意什么？

- 避免滑板移动过快。
- 确保将下巴向胸部方向靠拢。
- 避免胸部过度屈曲和双腿屈曲。

当你伸直双腿时，身体后侧的整个肌肉链都会被拉伸。**小腿肌群**、**腘绳肌**和整个**竖脊肌**都将被拉伸。由于这些肌群间的筋膜相互连通，因此一个区域的紧张感可能会传递到另一个区域。

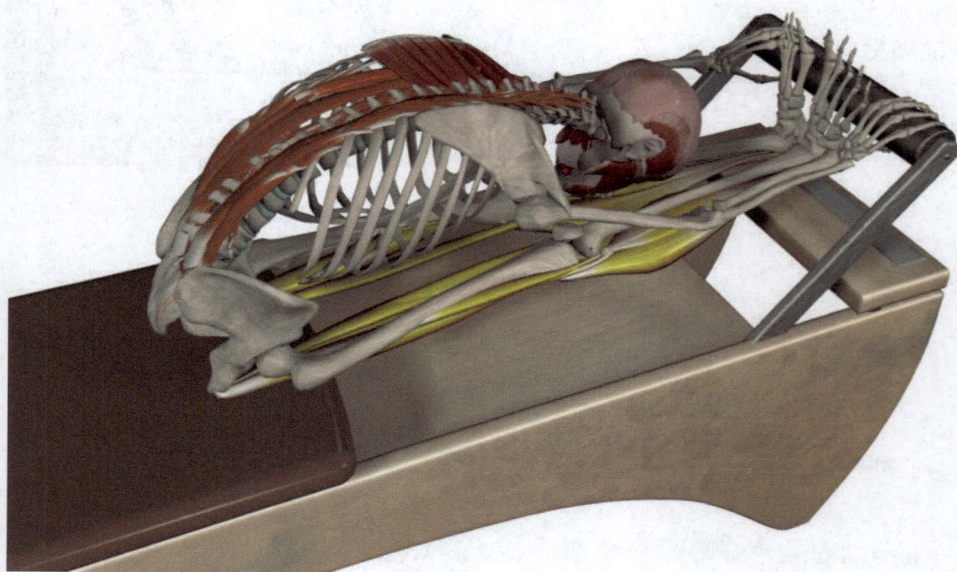

教师须知：　与这些后侧肌肉链紧张相关的常见姿势代偿模式包括踝关节背屈受限、膝关节过伸、腘绳肌缩短、骶骨前倾、上颈部过伸以及枕骨的旋转。

背阔肌——背部和手臂上的一大块关键肌肉，在这个动作中通常也会得到拉伸。

当你在进行此拉伸时，如果感觉到脊柱较为脆弱，可以通过与腹横肌的协同作用，利用背阔肌来保护脊柱。

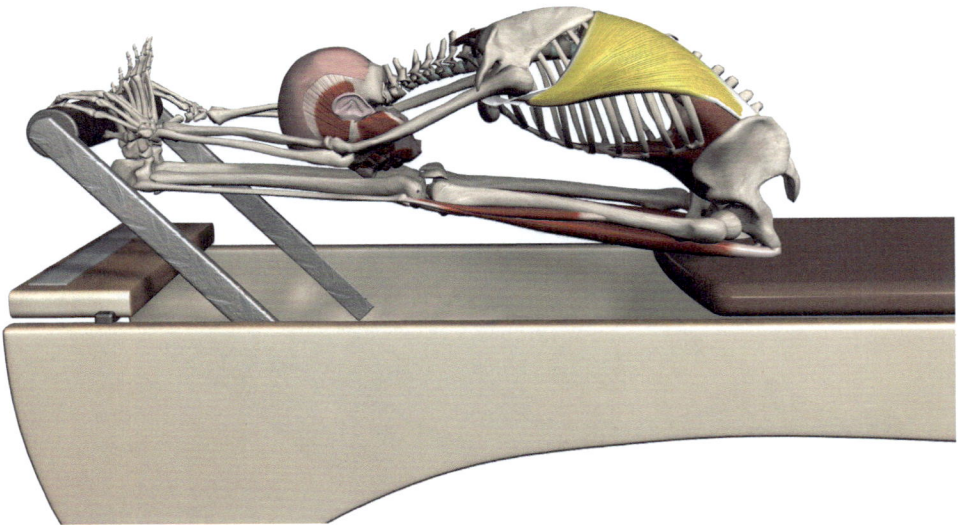

因为**臀大肌**（一块强大、有力的肌肉）的一部分附着在
股骨上，所以在这个姿势下它们也会被拉伸。

如果你的身体僵硬，且肩胛骨向上旋转，那么你的
菱形肌也会感受到一定程度的拉伸。

后链拉伸 3.0

- **适用人群：** 高阶练习者 • **弹簧强度：** 弱 – 中
- **目标肌肉：** 从浅层到深层的所有脊柱伸肌，腘绳肌、小腿肌群、大收肌、臀大肌、背阔肌

A. 如何拉伸

慢慢伸直双腿至目标肌肉达到紧张点（POT）；下巴向胸部方向靠拢。

A. 如何收缩

将双脚压向脚踏杆。

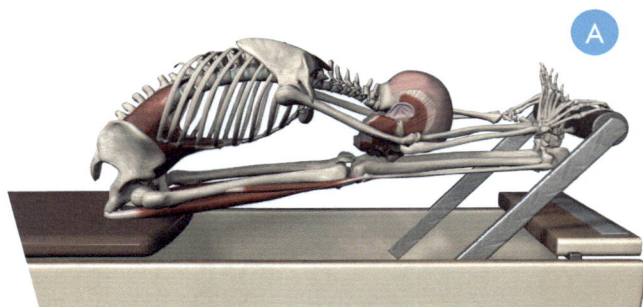

B & C. 如何再拉伸

降低一侧脚跟并屈曲另一条腿，或者同时降低两侧脚跟。

需要注意什么？

- 避免滑板移动过快。
- 确保将下巴向胸部方向靠拢。
- 避免胸部过度屈曲和双腿屈曲。

后链拉伸 4.0

- **适用人群：** 高阶练习者 • **弹簧强度：** 弱 – 中
- **目标肌肉：** 腘绳肌、小腿肌群、大收肌、臀大肌

A. 如何拉伸

缓慢地将双腿伸直至目标肌肉达到紧张点，脚跟在脚踏杆下方下降。

B. 如何收缩

将双脚压向脚踏杆。尝试抬起胸部使脊柱伸直。

B. 如何再拉伸

进一步降低两侧脚跟；脊柱向后拱起（伸展）；将胸部拉向腿部 ——注意使用反手握杆的方式。

需要注意什么？

- 避免滑板移动过快。
- 避免脊柱过度屈曲/弯曲。

拉推式

- **适用人群：**任何人群
- **目标肌肉：**所有脊柱伸肌、菱形肌、斜方肌中部和上部、肩胛提肌。

A. 如何拉伸

坐在脚踏杆的一侧；骨盆用力向后方滚动，确保通过将耻骨推向脚踏杆方向来防止滑板滑动；如图所示，双手放置在脚踏杆上；轻轻用一只手臂拉侧杆，用另一只手臂强力推脚踏杆；将下巴向胸部方向靠近，整个身体用力向后倾。

A. 如何收缩

用手臂拉住脚踏杆侧杆，尝试后缩肩胛骨。

B. 如何再拉伸

身体进一步向后倾；收紧腹部肌肉；耳朵向上方（照片中为左侧）手臂倾斜。

需要注意什么？

- 避免滑板滑动。
- 确保下巴向胸部方向靠拢。
- 确保身体向后倾斜。
- 确保将骨盆推向脚踏杆方向。

斜方肌中部和上部将会被拉伸，**菱形肌**也是如此，尤其是手臂放在侧杆一侧的身体部位。确保交换双侧手臂位置，对两侧都进行练习。

当你将下巴向胸部方向靠拢时，**肩胛提肌**和**夹肌**也将被拉伸。

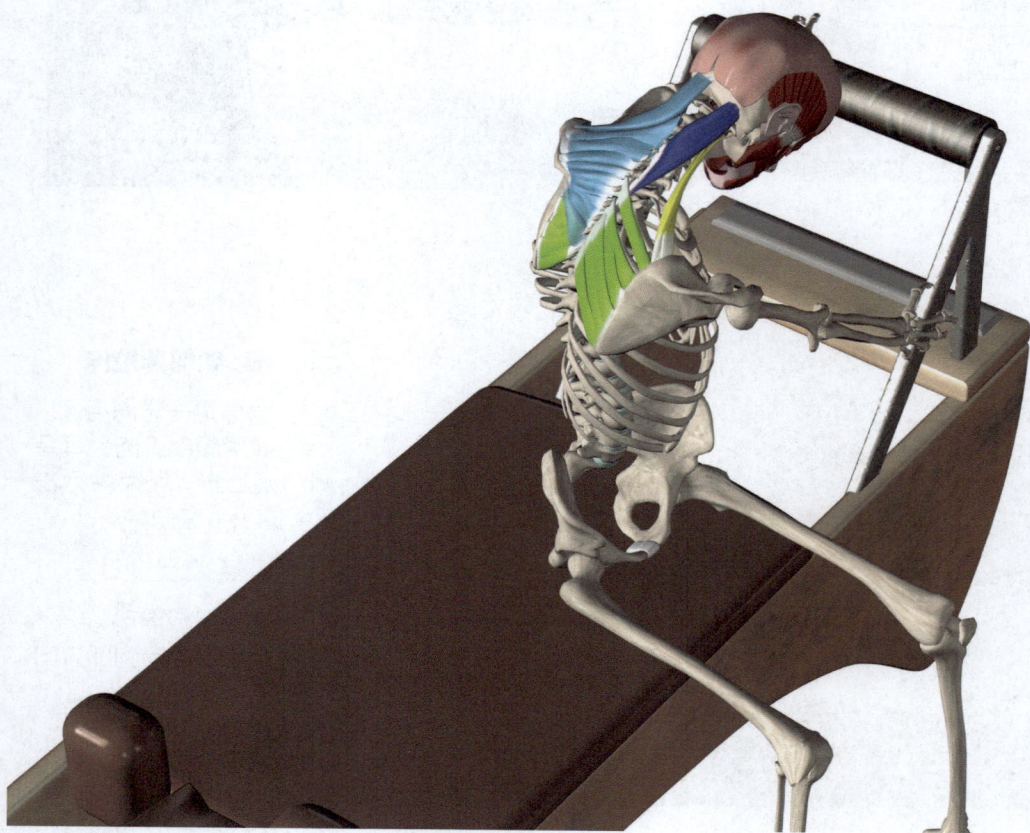

悬垂拉伸

- **适用人群：任何人群** ● **弹簧强度：强**
- **目标肌肉：** 整个脊柱后侧肌肉、后侧椎间盘、腹内斜肌后部、腹横肌、腰方肌

A & B. 如何拉伸

如图所示，抓住滑板和肩托。让双腿自然悬垂或摆动；保持姿势 90 秒。

如何呼吸

进行深层腹式呼吸，扩张腹部区域。

需要注意什么？

- 避免抬头或抬脚，这会使脊柱肌肉也参与进来。
- 避免浅呼吸。
- 避免过快地结束拉伸动作。

旋转

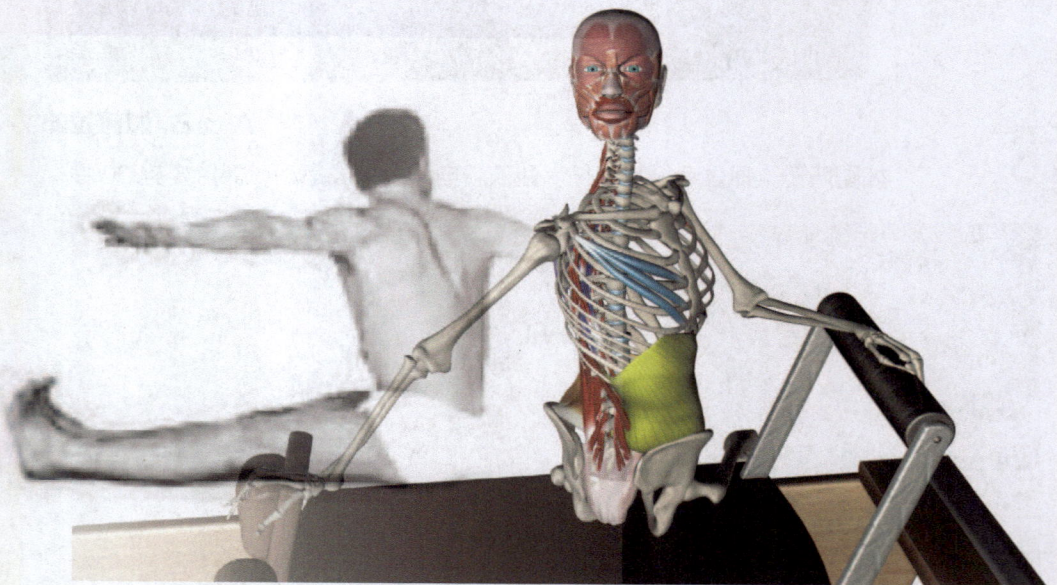

下探式拉伸

- **适用人群：**中阶、高阶练习者 **弹簧强度：**强
- **目标肌肉：**菱形肌、中斜方肌、腹斜肌、后三角肌

A & B. 如何拉伸

跪在滑板上，小腿与脚踏杆平行，距离刚好超过手臂长度；滑板保持不动；用外侧手臂伸到下方握住低位杆，降低胸部和肩部；用另一只手抓住脚踏杆。上方手臂用力推脚踏杆。整个身体用力向后倾斜。

B. 如何收缩

用下方的手握住低位杆，并借助肩部力量，尝试后缩肩胛骨。

C. 如何再拉伸

进一步向后倾斜身体，如果可能的话，尽可能伸直上方的手臂。如可能，将脚踏杆调整到垂直位置。

需要注意什么？

- 避免滑板向外移动。
- 确保身体向后倾斜。
- 确保胸部和肩部下降至滑板上。

坐姿旋转拉伸

- **适用人群：**任何人群 • **弹簧强度：**强
- **目标肌肉：**腹斜肌、肋间肌、深层脊柱旋转肌、脊柱关节和椎间盘。

A & B. 如何拉伸

斜坐在滑板上，腿紧靠脚踏杆；一侧手拉动脚踏杆，另一侧手推肩托。挺起胸部，肩胛骨向中心聚拢，转动头部。

B. 如何收缩

尝试利用腹部肌肉，扭转身体回到起始位置。

C. 如何再拉伸

进一步加大扭转幅度。

需要注意什么？

- 避免脊柱过度屈曲。
- 避免骨盆向后滚动 / 后倾。
- 避免呼吸太浅。

腹外斜肌会被拉伸，尤其是当你加深呼吸以扩大腹腔时。

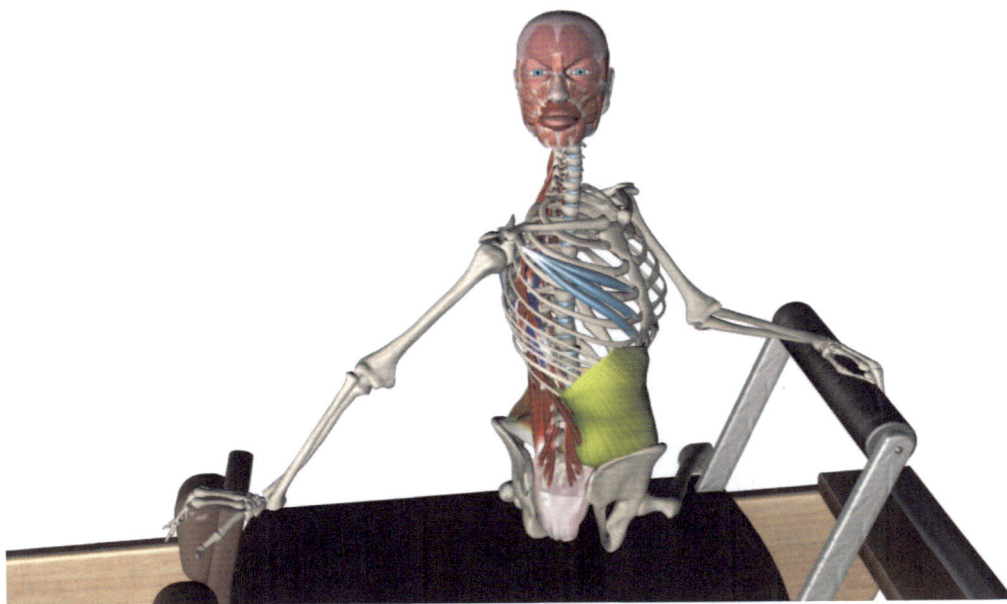

为了保持直立的坐姿，你的**脊柱伸肌**会被激活并发挥强大的作用。

胸小肌通过上提胸廓来辅助呼吸。

斜方肌中部和下部会有力地发挥作用，使肩胛骨后缩（向中心聚拢）并下降。这个动作能够打开胸腔，进而使胸小肌能够有效地提升前侧胸壁。

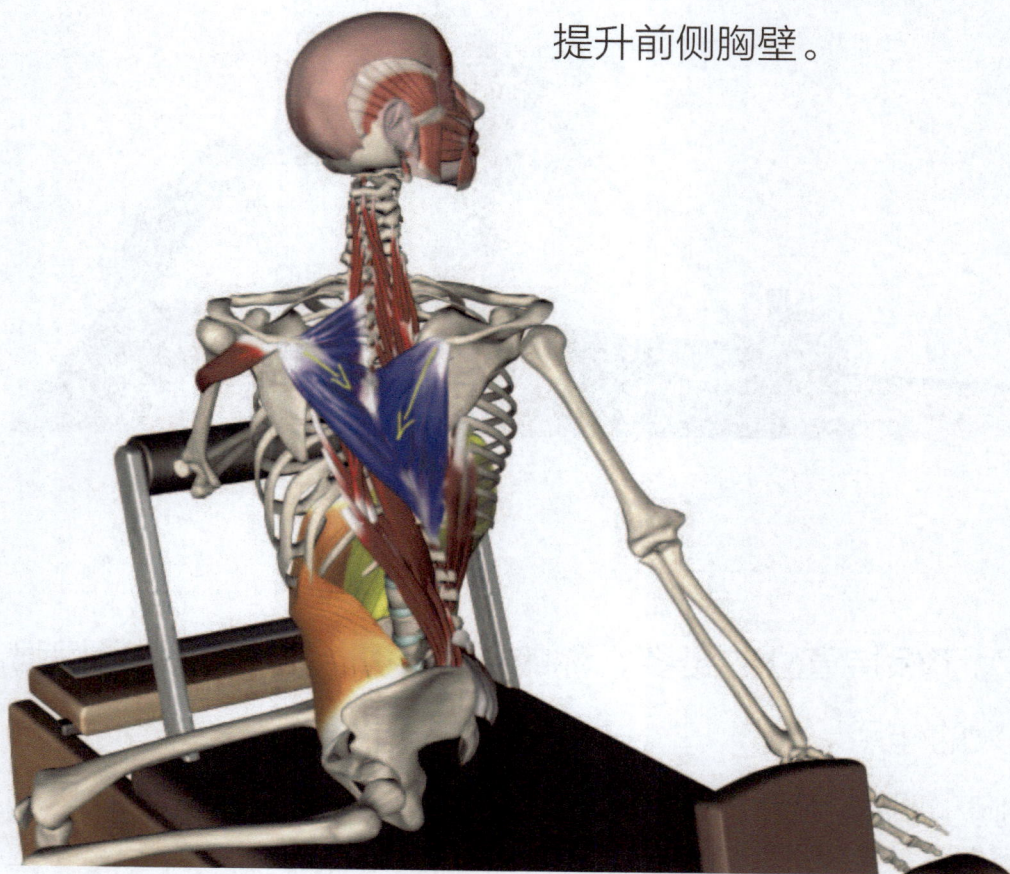

仰卧旋转拉伸

- **适用人群：**任何人群 • **弹簧强度：**强
- **目标肌肉：**胸肌、前三角肌、前锯肌、脊柱伸肌、腹斜肌、臀肌、髋外展肌

A. 如何拉伸

用手扶住普拉提床的下方或侧面，放低肘部；将对侧髋骨移至滑板中心以保持脊柱伸展和对齐；将髋部和腿部向远离上方手臂的方向旋转；将上侧腿悬垂在普拉提床的侧方；用另一侧手向下按压腿部。

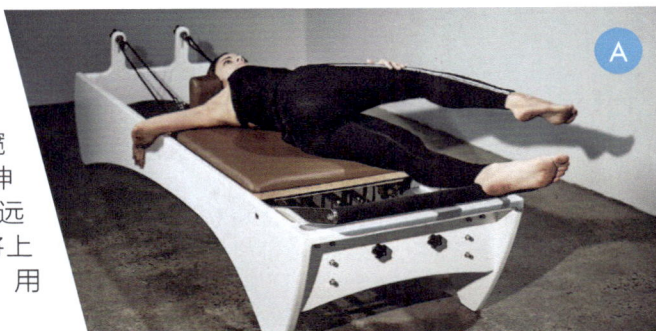

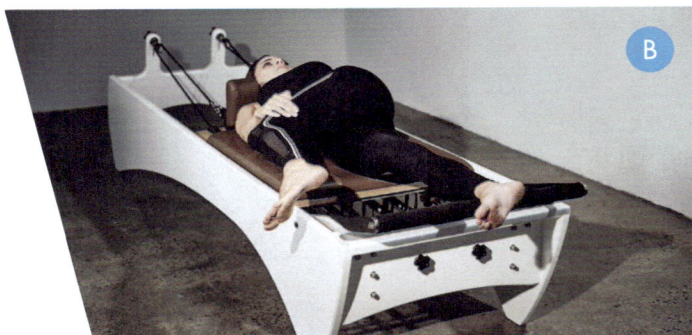

B. 如何收缩

使用手臂的力量，向上推动普拉提床；上侧腿拮抗手臂发力。

C. 如何再拉伸

进一步加大扭转的幅度。将弯曲的膝关节下压。

需要注意什么？

- 避免最初没有将髋部移至滑板的中心。
- 避免呼吸太浅。

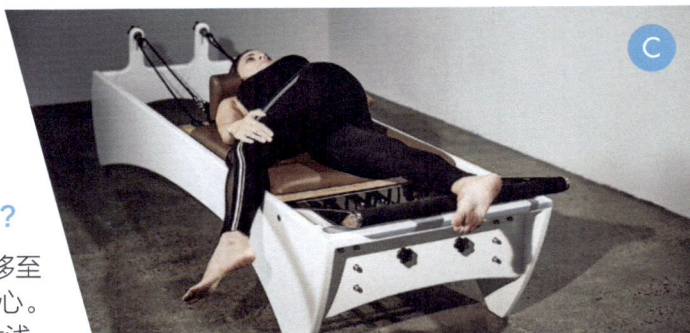

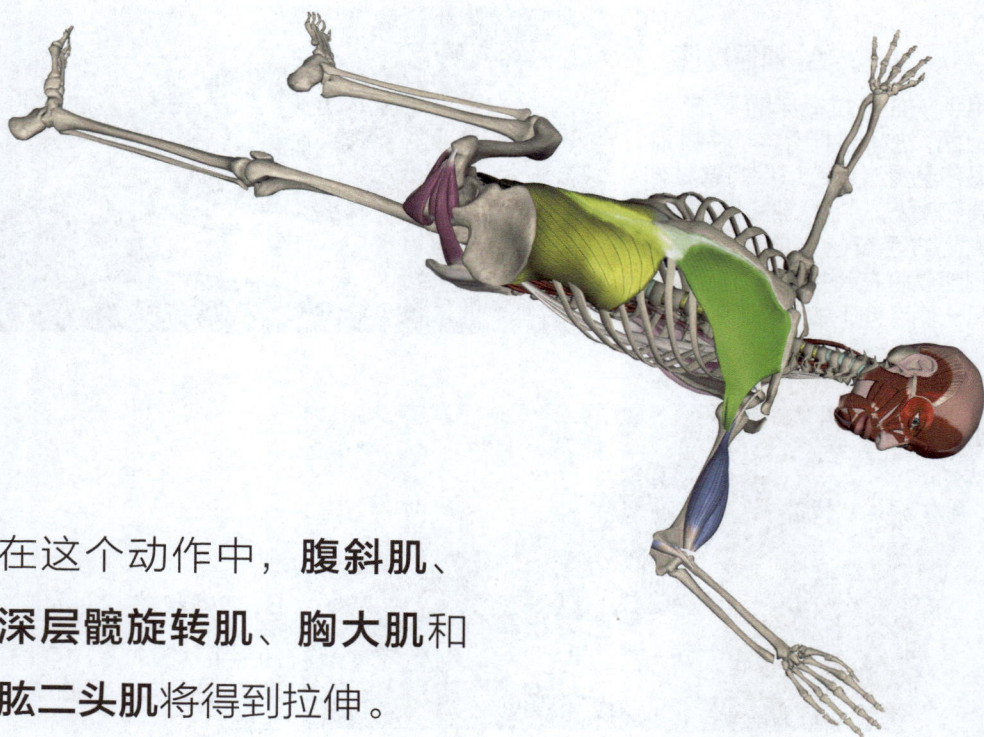

在这个动作中，**腹斜肌**、
深层髋旋转肌、**胸大肌**和
肱二头肌将得到拉伸。

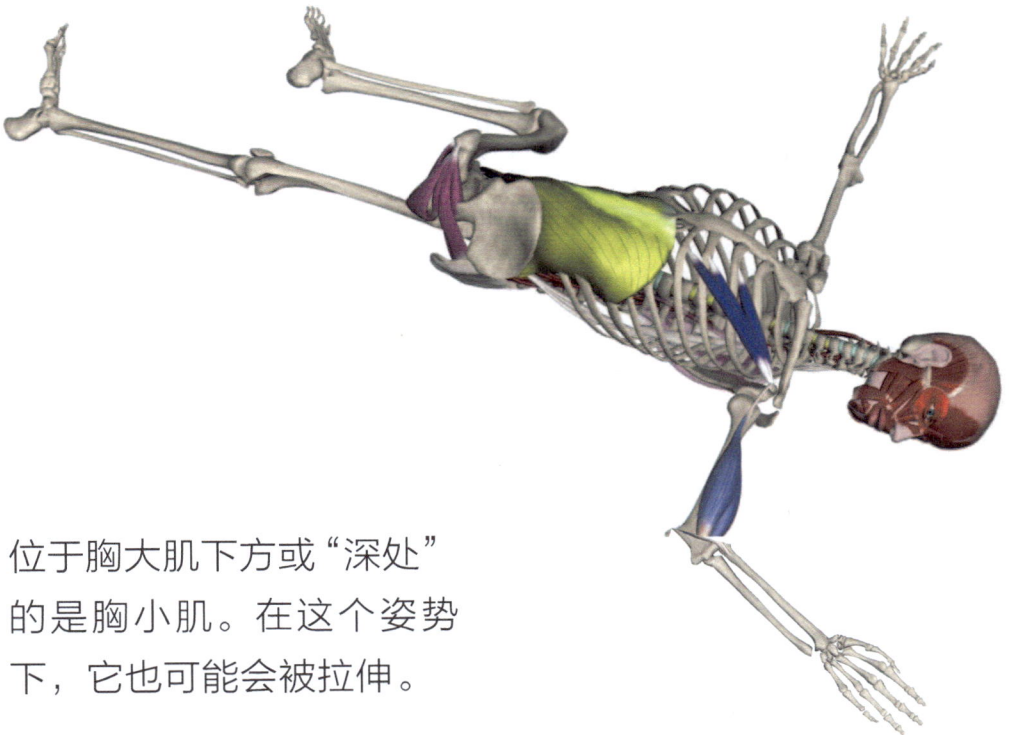

位于胸大肌下方或"深处"
的是胸小肌。在这个姿势
下，它也可能会被拉伸。

"我们生活在一个脊椎后凸（驼背）现象普遍的时代。"

——罗莉塔·圣米格尔，2015

伸展

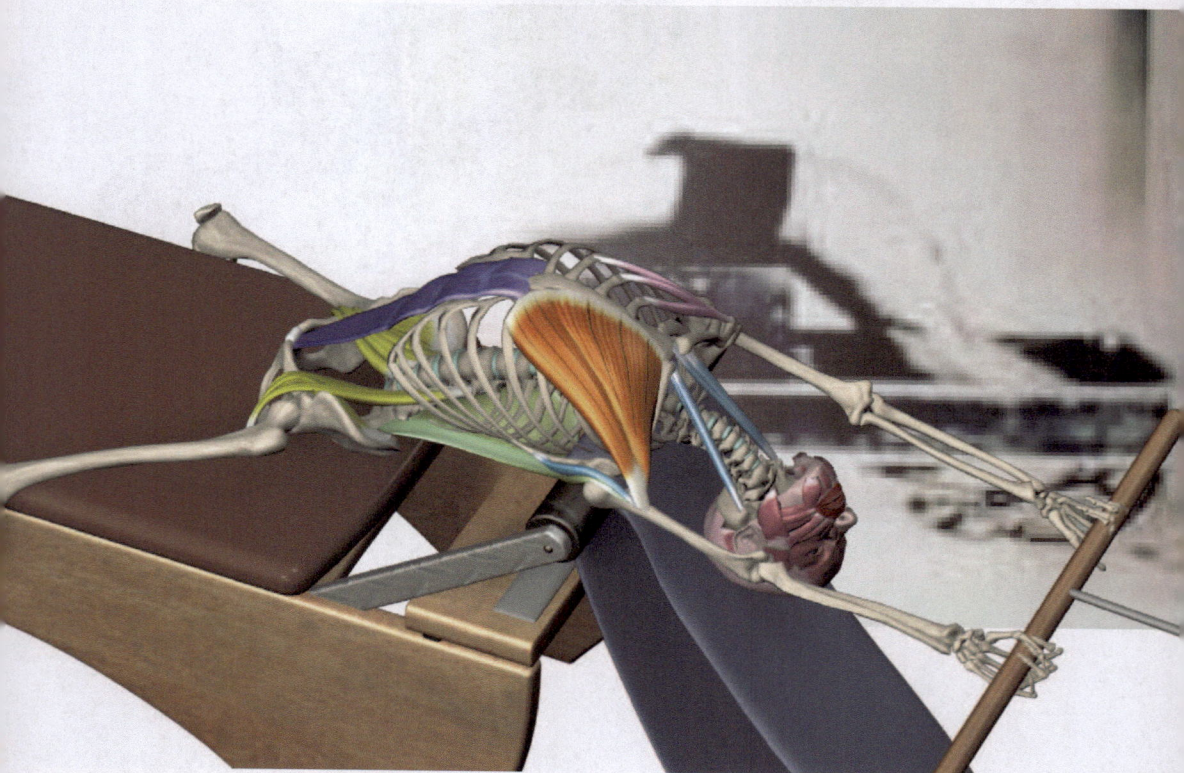

胸部下压

- **适用人群：**任何人群 • **弹簧强度：** 强
- **目标肌肉：**胸肌、背阔肌、肱三头肌长头、胸椎肌肉、腹直肌

A & B. 如何拉伸

双腿置于肩托之间，或紧靠在肩托上。双臂放在脚踏杆上。胸部向滑板方向靠近。

B. 如何收缩

双臂压向脚踏杆。

C. 如何再拉伸

将胸部进一步向滑板方向下压。

需要注意什么？

- 臀部要在膝关节正上方靠后的位置。
- 肩峰撞击（如果出现肩部疼痛，参考变式一的替代手臂位置）。

变式一

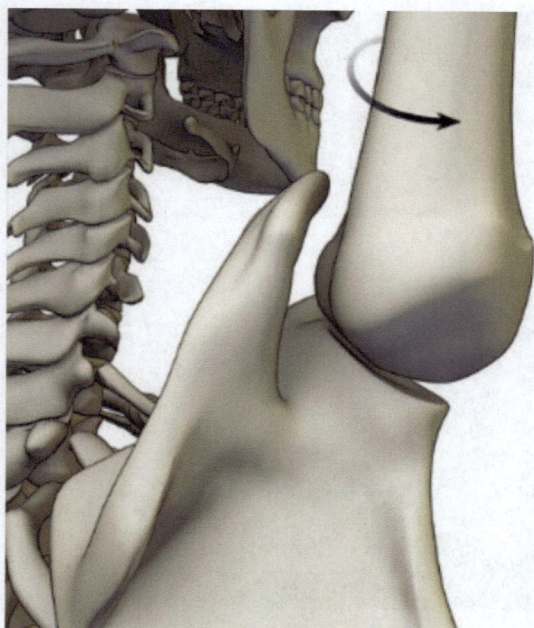

外旋动作会在肩峰下创造出空间，以缓解因关节撞击引起的疼痛。

变式二

辅助者可以在背部施力，从肩胛骨间开始按压脊柱，逐渐向下至腰部。

眼镜蛇式

- **适用人群：**任何人群 ● **弹簧强度：**弱－中
- **目标肌肉：**腹肌、椎间盘前表面、髋屈肌

A & B. 如何拉伸

将双手放在脚踏板上。保持脊柱中立；让滑板非常缓慢地向前滑动。当肩部几乎在手腕上方时，让臀部向地面方向下降。

B. 如何收缩

双手和双脚向下压。

C. 如何再拉伸

将臀部进一步向滑板／地面方向下降。放松包括肩部和背阔肌在内的所有肌肉；尝试轻柔地向两侧转动。

如何呼吸

深呼吸，让气息充满整个腹部区域。

需要注意什么？

- 腰部和髋部肌肉放松。

眼镜蛇式 2.0

- **适用人群：**中阶、高阶练习者 • **弹簧强度：** 弱 – 中
- **目标肌肉：**腹部肌群、椎间盘前表面、颈部屈肌、足部深层肌群、髋屈肌

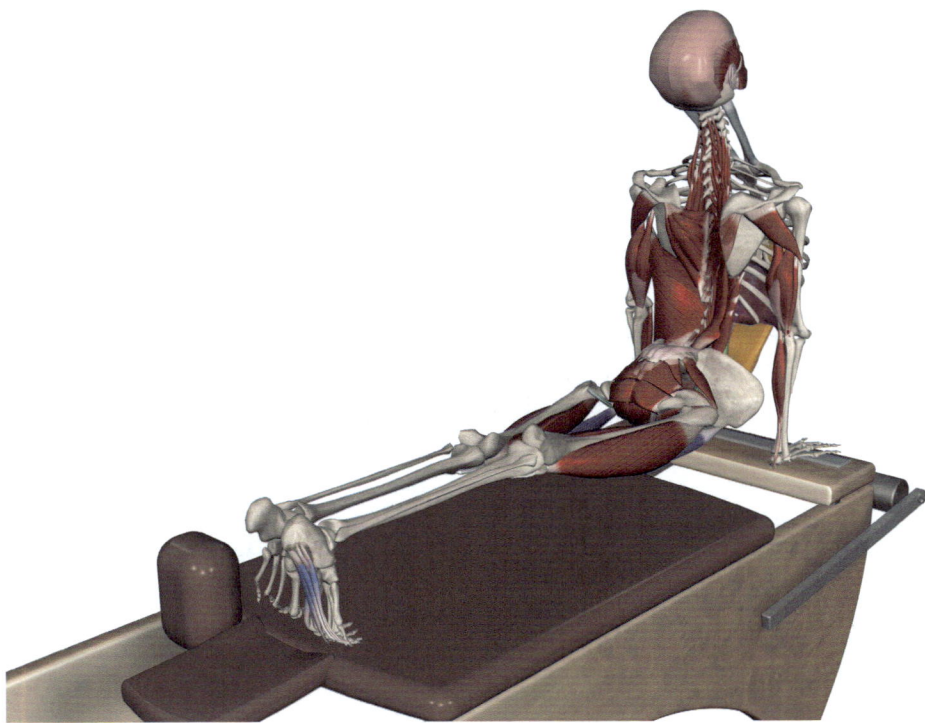

如何拉伸

参见 1.0 版本的图示以了解起始姿势。这个练习版本通过激活部分背部伸肌来进一步加深前链伸展。收缩竖脊肌、斜方肌中部和下部，使脊柱向后弯曲形成弓形。努力保持臀肌放松，以充分伸展腰椎。如果感觉舒适，也可以将头部向后仰。尝试微调滑板的位置，将其向前或向后移动，以找到最佳伸展感受。

如何呼吸

深呼吸，使气息充分扩展至整个腹部区域；
保持深呼吸 30 至 60 秒。

需要注意什么？

- 避免臀肌紧绷。

眼镜蛇式 3.0

- **适用人群：** 中阶、高阶练习者 • **弹簧强度：** 中
- **目标肌肉：** 腹部肌群、椎间盘前表面、髋屈肌

如何拉伸

按照 1.0 和 2.0 版本的指导来进行体式准备。一旦就位，收缩股四头肌以抬起膝关节。这将加深拉伸并增加额外的力量锻炼。头部慢慢地向后、向侧方倾斜。

主要区别

头部向两侧倾斜。抬起膝关节，伸直双腿。

如何呼吸

深呼吸，使气息充满整个腹部区域。保持深呼吸 30 至 60 秒。

收缩**股四头肌**以伸直双腿。

这会导致股直肌将骨盆向前拉动，从而加深拉伸。

髂腰肌可能会被拉伸。可以通过深呼吸来增强膈肌的力量。当膈肌下降时，

它将遇到一些来自腹部内容物的阻力。

最大限度地吸气将加强

膈肌对这种阻力对抗的能力。

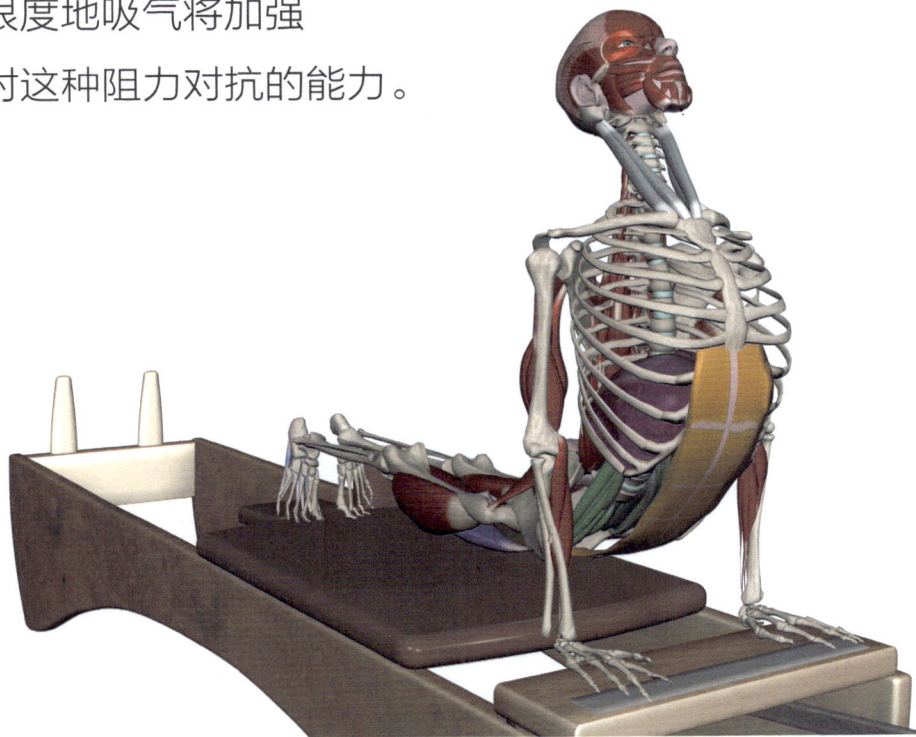

当膈肌下降并扩张腹部时，**腹肌**可能会被拉伸。

通过将头部向后仰，可以使胸锁乳突肌被拉伸。

117

高桥式：足部抬高

- **适用人群**：高阶练习者 • **弹簧强度**：中－强
- **目标肌肉**：髋屈肌、腹肌、胸大肌、背阔肌、颈前肌
- **注意**：抬高双脚会使腰椎的弯曲度减小。

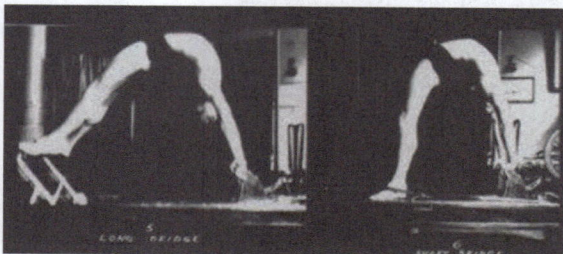

A，B & C. 如何拉伸

仰卧在滑板上，稍微远离肩托；躯干抬起至头顶支撑在滑板上；双手、双脚用力下压，抬高躯干，进入完整的桥式姿势。

C. 如何收缩

双手和双脚相互远离。

D. 如何再拉伸

让滑板进一步向脚踏杆方向移动；腿部稍稍用力，向外推开，以增加胸椎的弯曲，并将肩膀移至双手上方。

需要注意什么？

- 避免手臂弯曲。
- 避免臀部下沉。
- 确保腿／脚保持彼此平行。

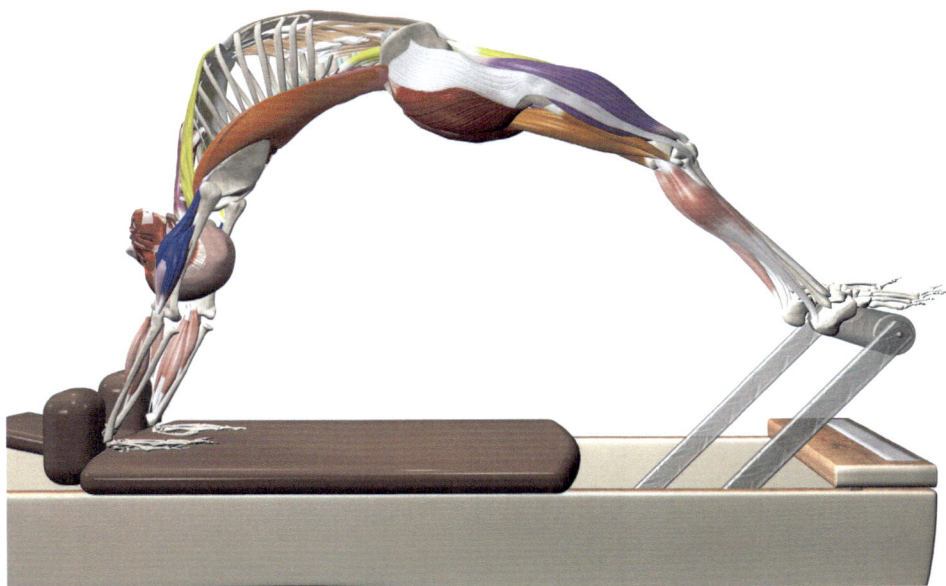

这是一个强度较大的拉伸与力量训练。身体曲线内侧的肌肉——腘绳肌、臀大肌、肱三头肌——积极收缩以抬高身体并维持该姿态。在身体曲线的外侧，即身体的前部，髂腰肌、股直肌、腹直肌和胸大肌都处于被拉伸的状态。

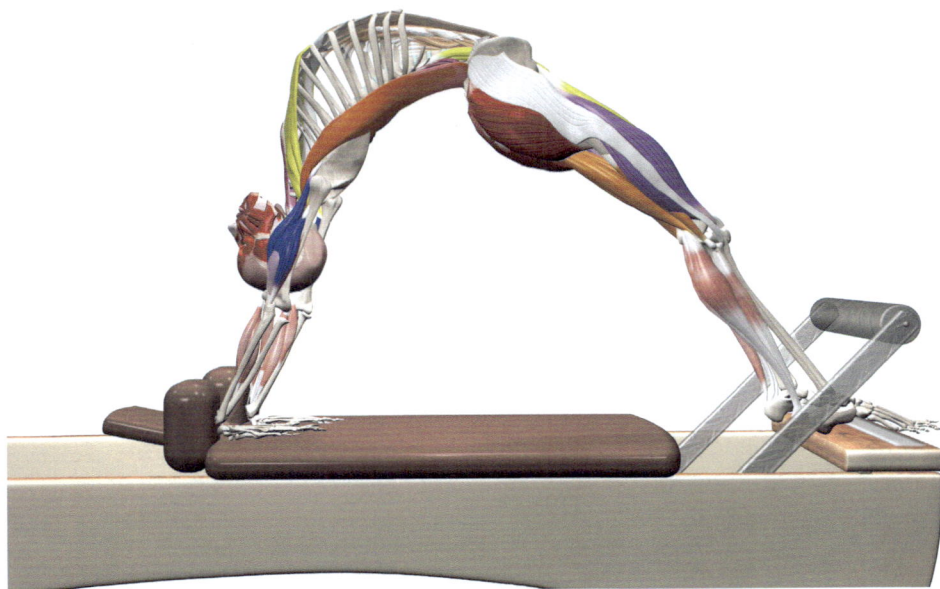

高桥式 2.0

- **适用人群：**高阶练习者 ● **弹簧强度：**中－强
- **目标肌肉：**髋屈肌、腹肌、胸肌、背阔肌、颈前肌
- **注意：**降低双脚会使腰椎的弯曲度增加。

A & B. 如何拉伸

平躺在滑板上，稍微远离肩托处；躯干抬起至肩部或头部支撑在滑板上。上推身体形成完整的桥式姿势。轻微伸展双腿，以增加胸椎的弯曲度。

B. 如何收缩

双手和双脚相互远离。

C. 如何再拉伸

让滑板进一步向脚踏杆方向移动。

需要注意什么？

- 避免手臂弯曲。
- 避免臀部下沉。

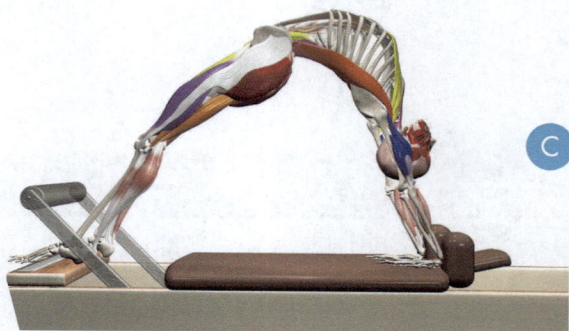

坐姿后弯

- **适用人群**：初阶、中阶练习者 **弹簧强度**：强
- **目标肌肉**：腰大肌、股直肌、腹肌、胸肌、背阔肌、颈前肌、肱三头肌长头、肩袖肌群

如何拉伸

将箱子稳固放置在脚踏杆旁以支撑头部；
坐在滑板上，靠近脚踏杆；
向后仰，使脚踏杆位于肩胛骨下方；
缓慢地将双手和头部向后伸展。

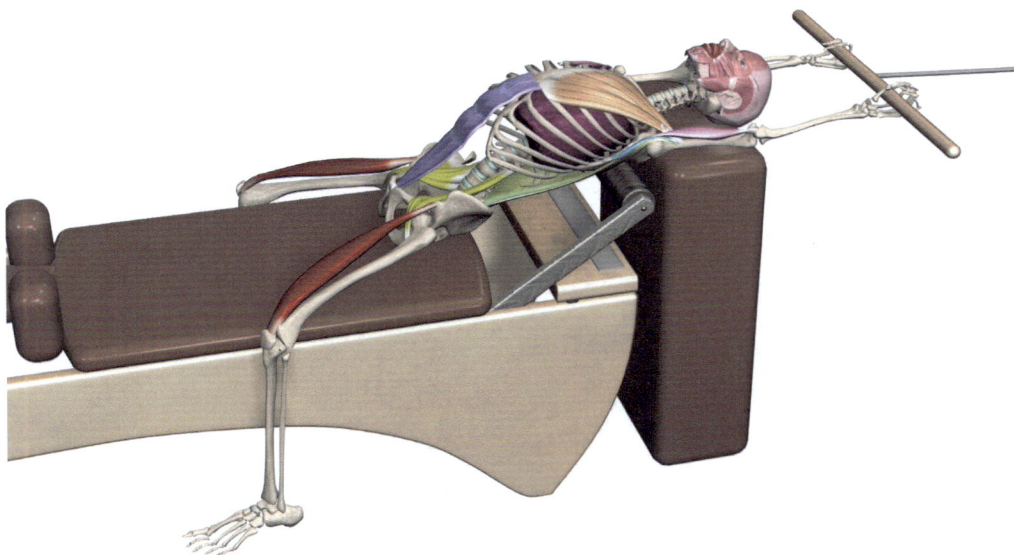

如何收缩

将双手和双腿向天花板方向推。

如何再拉伸

让骨盆、腿部和手臂自然下垂；
辅助者可以向下拉手臂，并交替地对一侧
施加更多拉力。

需要注意什么？

- 避免手臂、颈部、腹部出现不必要的紧张。
- 如果出现头晕，应立即停止。

坐姿后弯 2.0

- **适用人群**：中阶、高阶练习者 • **弹簧强度**：强
- **目标肌肉**：腰大肌、腹肌、胸大肌、胸小肌、背阔肌、胸锁乳突肌、肱三头肌长头、肩袖肌群

如何拉伸

坐在滑板上，靠近脚踏杆；向后仰，使脚踏杆刚好在肩胛骨下方。慢慢地将双手和头部向后伸展。

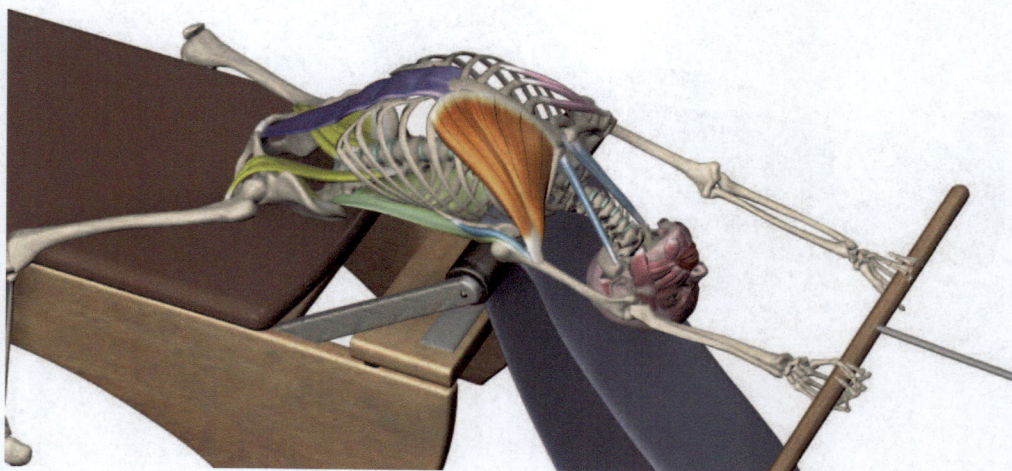

如何收缩

将双手和双腿推向天花板。

如何再拉伸

让骨盆、腿部和手臂自然下垂；辅助者可以向下拉手臂，并交替地对一侧施加更多拉力。

需要注意什么？

- 避免手臂、颈部、腹部出现不必要的紧张。
- 注意防止眩晕。

变式

改变坐姿，使脊柱的不同部位接触脚踏杆。也可以改变拉力的方向，根据舒适度/耐受力从向后到向下进行调整。

侧屈

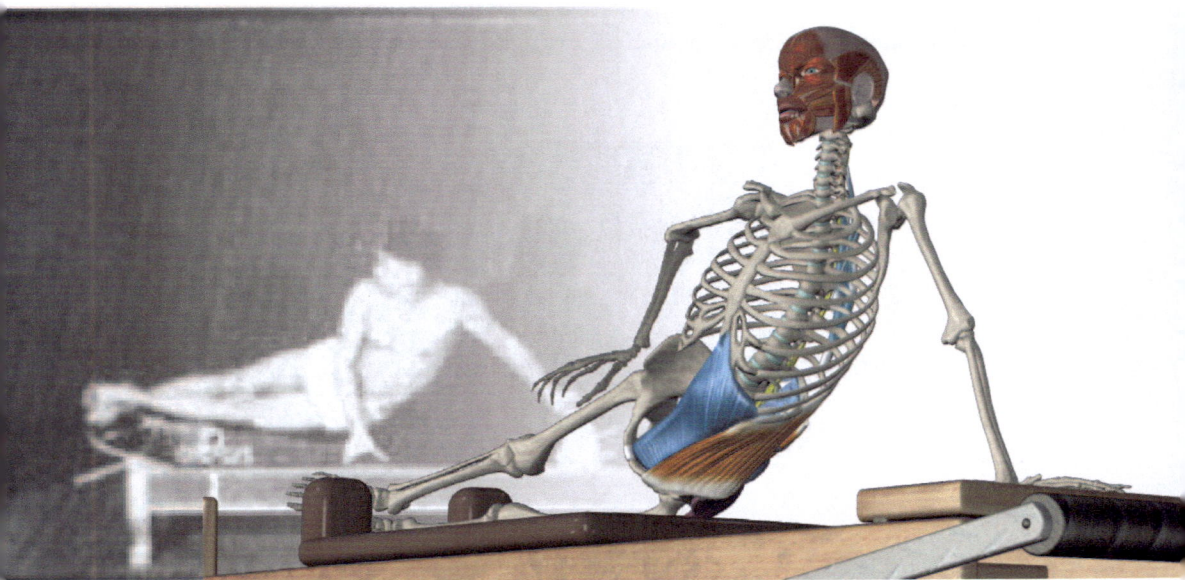

美人鱼

- **适用人群：**初阶、中阶练习者 • **弹簧强度：**弱 – 中
- **目标肌肉：**腹斜肌、腰方肌、肋间肌、髋外展肌

A & B. 如何拉伸

滑开滑板并侧卧在中间；将上方的腿 / 脚放在下方的腿 / 脚上面；对齐双脚、髋部和双手，确保上侧髋部位于下侧髋部正上方；滑动滑板至目标肌肉达到紧张点（POT），寻找拉伸感。

B. 如何收缩

向地板方向下压双手和双脚。

C. 如何再拉伸

滑板进一步滑动；尽可能地深吸气。

需要注意什么？

- 保持髋部与双脚对齐。

变式

将上侧髋部向前旋转（Ａ）和向后旋转（Ｂ）以调整拉伸区域。

随着滑板的滑动，脊柱将进一步向侧面弯曲。**腹内斜肌**伴随着髋外展肌（**臀中肌和臀小肌**）、**腰方肌**以及**竖脊肌**的一部分将会被拉伸。

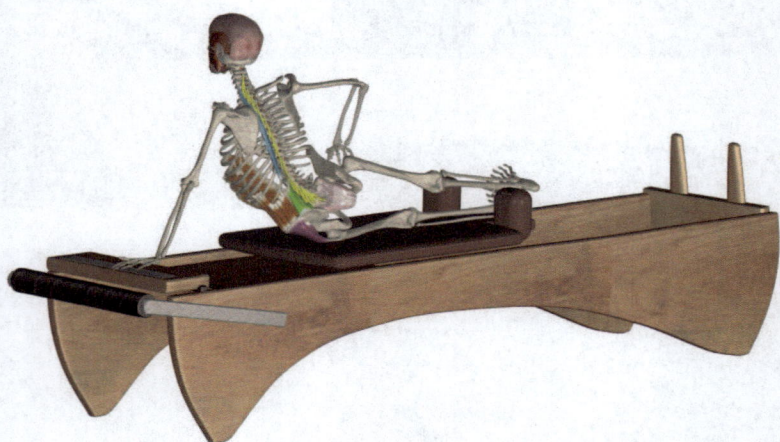

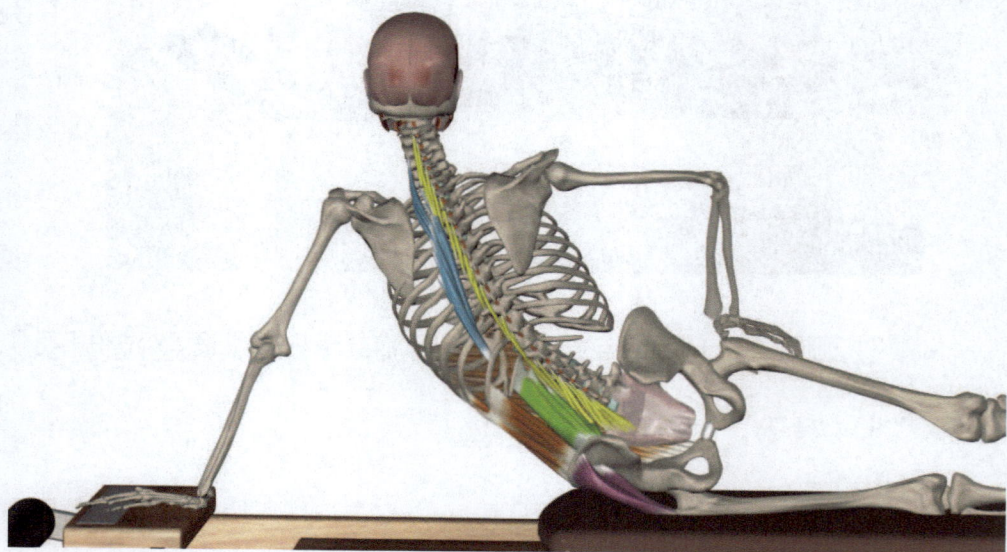

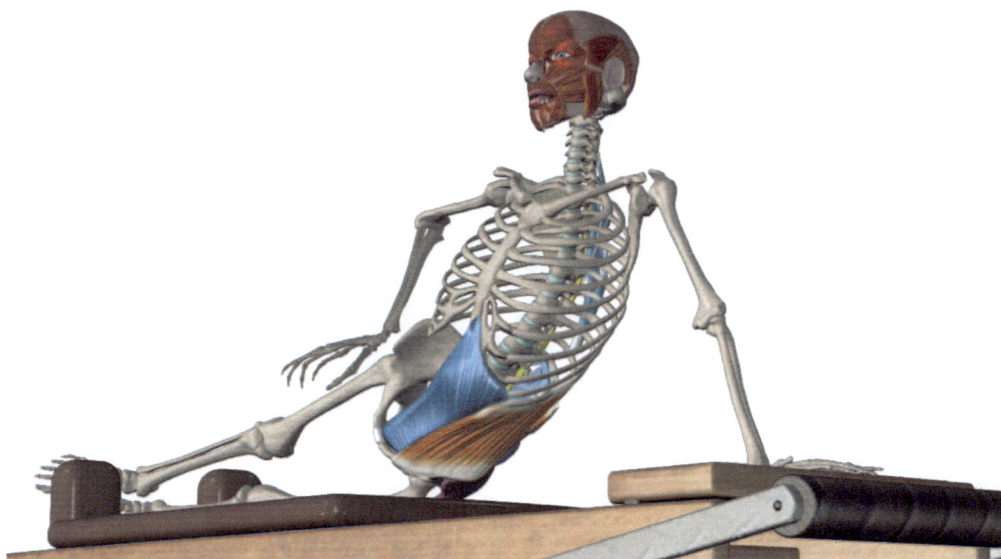

位于腹外斜肌"深层"或下方的**腹内斜肌**，在尝试不同的髋部角度时也会被拉伸。

深呼吸将增加拉伸幅度。随着膈肌的下降，
它会将腹腔内不可压缩的内容物向外推至腹斜肌，
使其进一步被拉伸。

坐姿侧屈

- **适用人群**：初阶、中阶练习者 • **弹簧的张力**：弱 – 中
- **目标肌肉**：腹斜肌、腰方肌、肋间肌、背阔肌、脊柱的一侧竖脊肌、肱三头肌长头

A. 如何拉伸

推动滑板并保持两个坐骨都紧贴在滑板上；将一侧手臂伸展过头顶，脊柱和胸廓向远离脚踏杆方向弯曲。

B. 如何收缩

想象将外侧肩膀推离脚踏杆。

B & C. 如何再拉伸

将滑板稍微向外滑出；尽可能地深呼吸；在舒适的范围内，最大限度地将脊柱和头部向一侧弯曲。

变式

（A）将上方的肩膀向后旋转，将拉伸的重点转移到前腹部区域，深吸气。

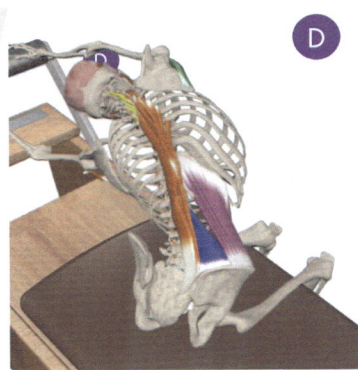

（B，C＆D）将上方的肩膀向前旋转，将拉伸的重点转移到腰部的后侧。

协助

（A）辅助者将体重轻压在练习者大腿上方以固定骨盆位置，同时轻轻按压练习者腋下，以增加侧屈幅度。

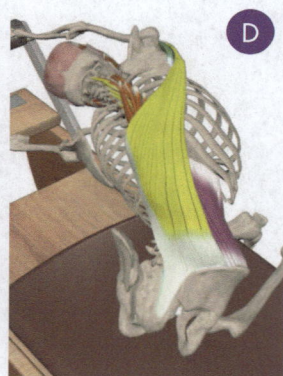

（B和D）辅助者抓住练习者的前臂和手，并轻轻拉动，以增加侧屈幅度和背阔肌的拉伸感。

（C）辅助者改变位置，从而改变拉力的方向，并增加旋转幅度。这样可以将拉伸效果扩展到背部后侧肌肉。

跪姿香蕉式

- **适用人群：**中阶练习者 • **弹簧强度：**中
- **目标肌肉：**腹斜肌、腰方肌、肋间肌、背阔肌、髋外展肌

A & B. 如何拉伸

将滑板推出一小段距离，并使脚、膝盖和手在同一平面。将髋部向弹簧方向下降。

B. 如何收缩

将髋部向上方手的方向推。

C. 如何再拉伸

进一步降低髋部。尽可能地加深吸气。

需要注意什么？

- 避免将滑板推得太远。
- 确保髋部充分下降。
- 按照上述要求确保身体对齐。

变式

（A）向前旋转上方的髋部

（B）然后向后旋转，以改变拉伸的区域。

站姿香蕉式

- **适用人群：** 中阶、高阶练习者 • **弹簧强度：** 中
- **目标肌肉：** 腹斜肌、腰方肌、肋间肌、背阔肌、髋外展肌

A. 如何拉伸

将滑板推开，伸直下侧腿。将手撑在脚踏杆上，并与下侧髋部和脚在同一平面。支撑手臂与脊柱大致呈 90 度。

B. 将上面的脚移到所示位置，以获得更大的支撑力。

C. 降低髋部。

B. 如何收缩

将髋部向上抬起。

C. 如何再拉伸

进一步降低髋部。
尽可能地深吸气。

需要注意什么

- 避免把滑板推得太远。
- 避免髋部降低不充分。
- 按照上述要求确保身体对齐。

变式

（A）上侧髋部向前旋转（B）然后向后旋转，以改变拉伸的区域。

第7章

上肢和肩部

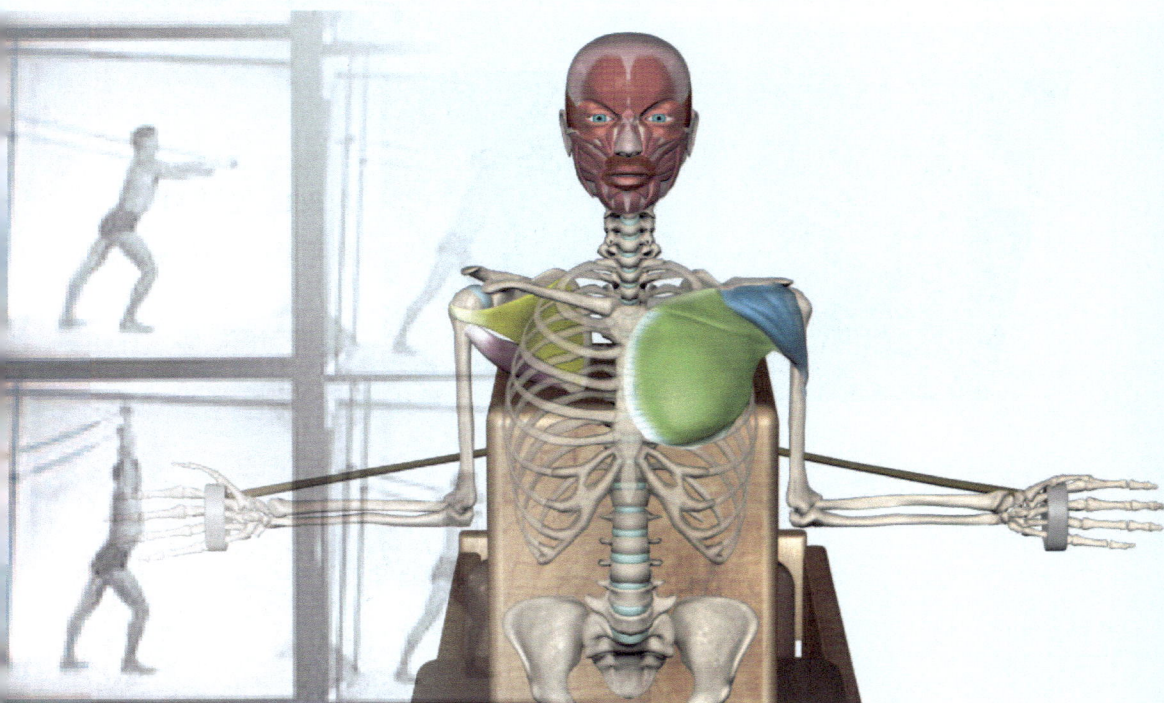

腕屈肌拉伸

- **适用人群：**任何人群
- **目标肌肉：**所有腕屈肌

A. 如何拉伸

站在普拉提床架内部；将手掌放在滑板上，手指朝向自己。滑动滑板以寻找拉伸感。

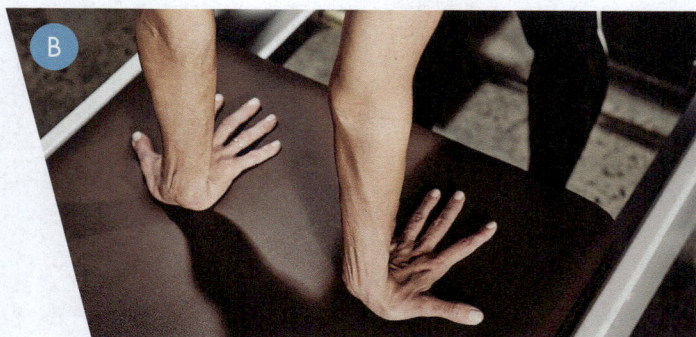

A & B. 如何收缩

将手掌和手指向下按压在滑板上。

C. 如何再拉伸

将滑板进一步滑开。

C. 变式

将重心向后移，让每根手指均匀承重。

需要注意什么？

- 避免手掌抬起。

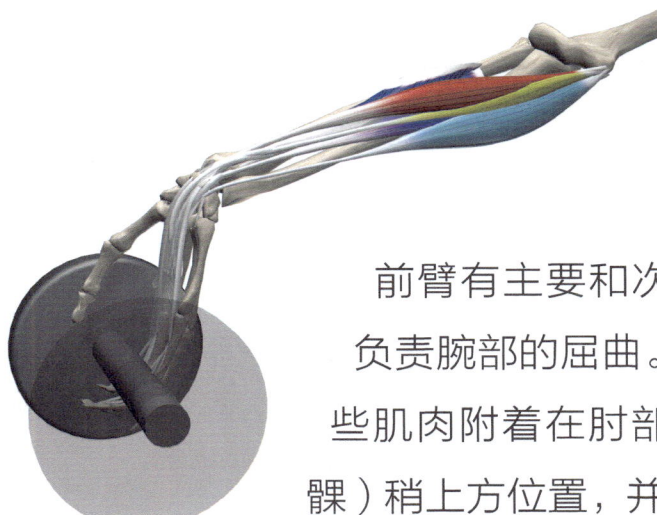

前臂有主要和次要的腕屈肌，它们负责腕部的屈曲。你可以看到其中一些肌肉附着在肘部内侧（或称为内上髁）稍上方位置，并穿过手腕变成肌腱。这些肌腱穿行的区域被称为腕管，有九条屈肌腱通过这一狭小的通道。进行拉伸有助于预防腕管综合征。

腕伸肌拉伸

- **适用人群：** 任何人群
- **目标肌肉：** 所有腕伸肌

A. 如何拉伸

站在普拉提床架内部；将手背放在滑板上，手指朝向自己；滑动滑板以寻找拉伸感。

B. 如何收缩

将手背和手指向下按压在滑板上。

C. 如何再拉伸

将滑板进一步滑开。

C. 变式

将重心向后移，让每根手指均匀承重。

背阔肌拉伸

- **适用人群：** 任何人群 • **弹簧强度：** 弱－中
- **目标肌肉：** 背阔肌、腹斜肌、腰方肌、肩袖肌群、肱三头肌长头、竖脊肌

A. 如何拉伸

坐在滑板的侧边，双手放在脚踏杆上。尽可能推开滑板并降低胸部。肩部远离滑板。

B. 如何收缩

用外侧的手（离脚踏杆侧面最近的手）拉动脚踏杆。

B & C. 如何再拉伸

将滑板进一步滑开；肩部进一步侧倾；内侧手紧压脚踏杆。

C. 变式

抬高外侧肩部，降低内侧肩部，同时继续保持侧倾。

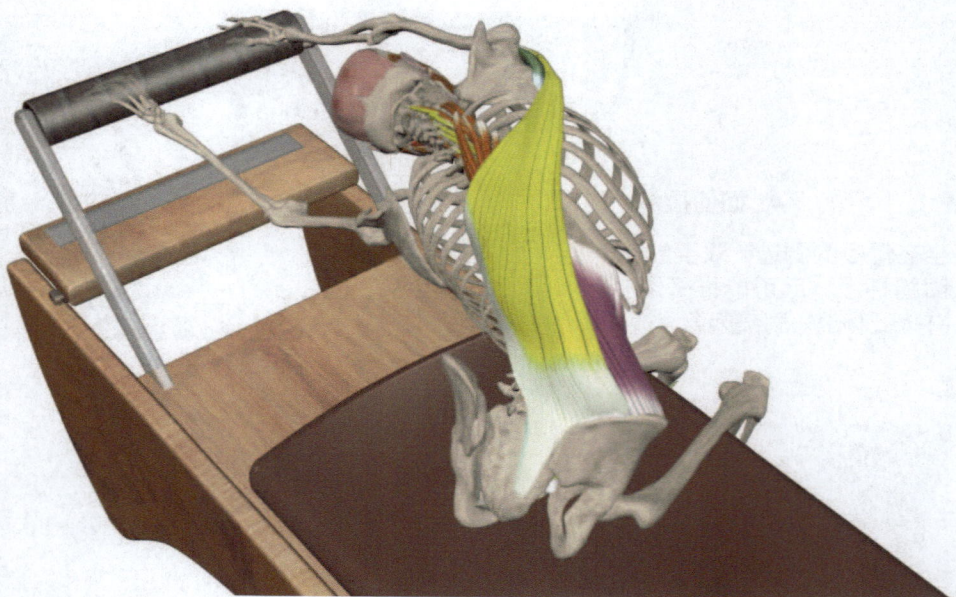

当你在普拉提床上倾斜身体时，**背阔肌**及其辅助肌**大圆肌**会被有效拉伸。如果你能保持两个坐骨都在滑板上，你的**腹内斜肌**也会得到更有效的拉伸。

一侧的竖脊肌得到了拉伸，同时参与的还有**腰方肌**和**大圆肌**。在**竖脊肌**的"深层"，你可以看到**多裂肌**也得到了拉伸。这组肌肉负责稳定脊椎的关节。

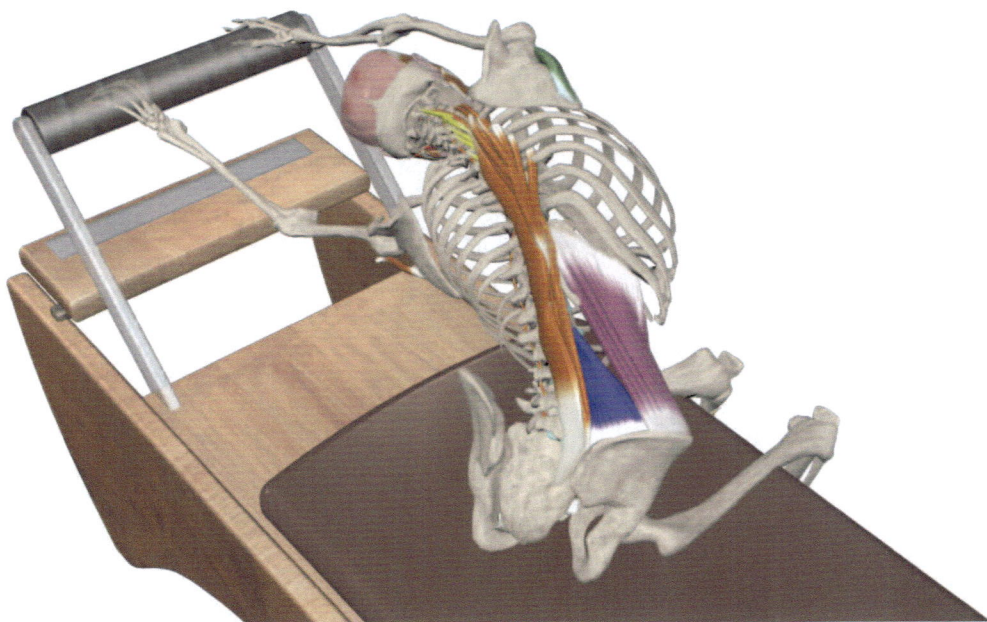

肩内旋肌拉伸

- **适用人群**：任何人群 • **弹簧强度**：中－强
- **目标肌肉**：大圆肌、肩胛下肌、三角肌前束、胸大肌锁骨部分

A. 如何拉伸

坐在滑板上的箱子前。双手插入套环，弯曲手肘至90度，保持上臂紧贴身体。让滑板向前滑动，感受肩部的拉伸感。用脚控制滑板的移动。

B. 如何收缩

将双手插入套环施力做拍手动作。

B. 如何再拉伸

将滑板进一步向前滑动。用腿控制其移动。

C. 变式

缓慢地将头和身体向远离身体较紧的一侧进行转动。

没有箱子时

用一只手握住另一侧肘部，防止其移动。如上所述，让滑板向前滑动。

肩胛下肌和**大圆肌**是两块受拉伸最明显的肌肉。虽然可能不会感觉到明显的拉伸点，但整个肩关节周围都会有拉伸感。

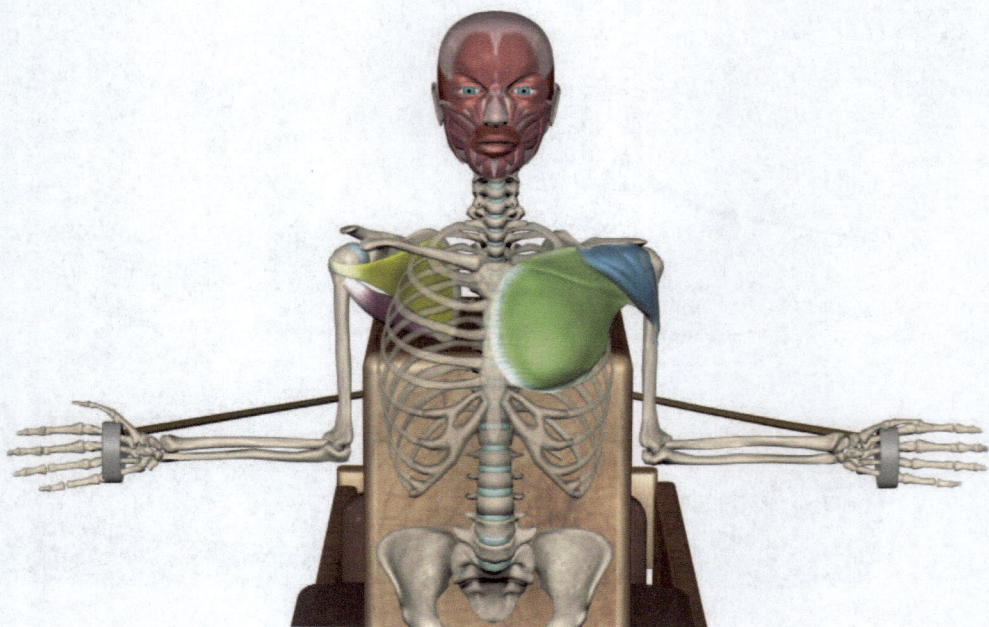

如果你的肌肉比较紧张，**胸大肌**——尤其是其靠近肋骨的肌纤维——可能会被拉伸，**三角肌前束**也同样会被拉伸。

肩外旋肌拉伸

- **适用人群：** 任何人群 ● **弹簧强度：** 中－强
- **目标肌肉：** 冈下肌、小圆肌、三角肌后束

A & B. 如何拉伸

坐在滑板上，绳索交叉，将肘部弯曲至 90 度，绳索位置刚好在肘部上方。双手放在下腰椎部位。让滑板向里滑动，感受肩部的拉伸感。

B. 如何收缩

双手下压腰部。

C. 如何再拉伸

将滑板进一步向前滑动。用双腿来控制其移动。

C. 变式

缓慢地将身体和头部转向较僵硬的一侧。

在练习过程中，保持肩胛骨稳定不动；也就是说，不要让它们相互分离或"前伸"。这可以通过收缩**斜方肌**和**菱形肌**来实现。

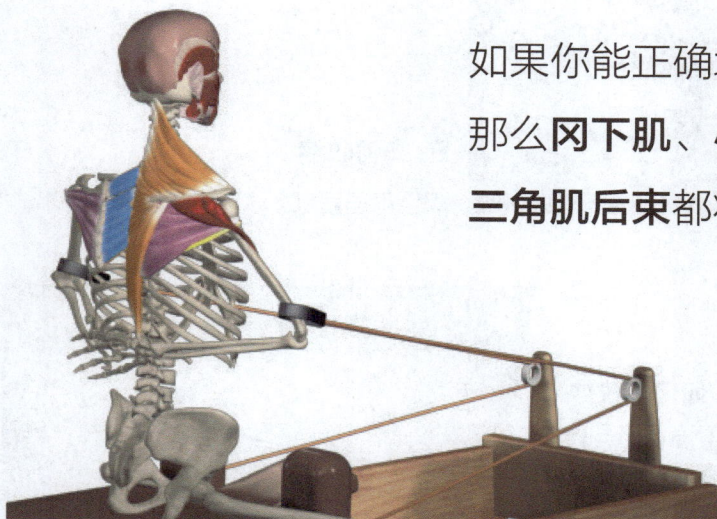

如果你能正确地做到这一点，那么**冈下肌**、**小圆肌**和**三角肌后束**都将会被拉伸。

胸大肌拉伸

- **适用人群：** 任何人群 **弹簧强度：** 中
- **目标肌肉：** 胸大肌、胸小肌、三角肌前束

A & B. 如何拉伸

按照图示坐好，让绳索刚好位于肘部下方。将肘部提升至至少与肩膀同高（可以尝试不同的肘部高度）。保持前臂垂直。让滑板从起始位缓慢移动至目标肌肉达到紧张点。挺起胸部。

B. 如何收缩

前臂和肘部相互靠近，模拟鼓掌动作。

C. 如何再拉伸

让滑板进一步向起始位置滑动。

C. 变式

如果你有一侧身体特别紧张，尝试将头部和胸部向其对侧转动。

替代姿势

坐在普拉提床的一侧。将绳索放入对侧的手中；抬起手臂，坐直并转动胸部使其远离手臂。为了增强效果，将胸部和头部转向远离手臂的方向。通过拉动绳索来收缩肌肉。重复上述指示来进一步拉伸。

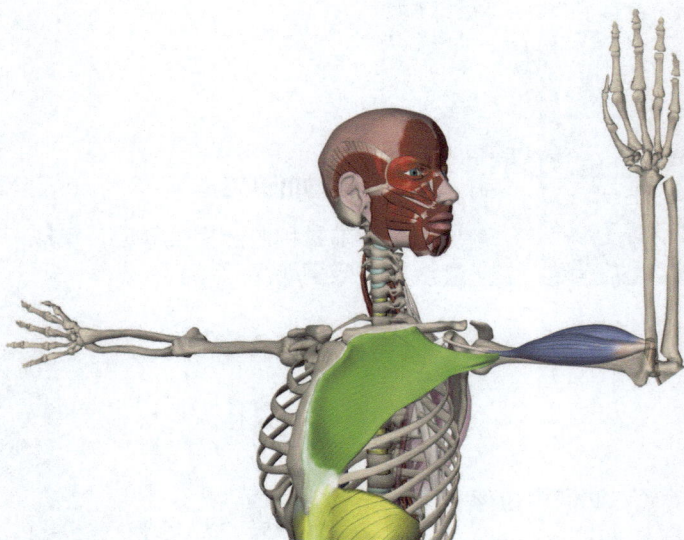

胸小肌拉伸

- 适用人群：任何人群 ● 弹簧强度：中
- 目标肌肉：胸大肌、胸小肌、三角肌前束、肱二头肌

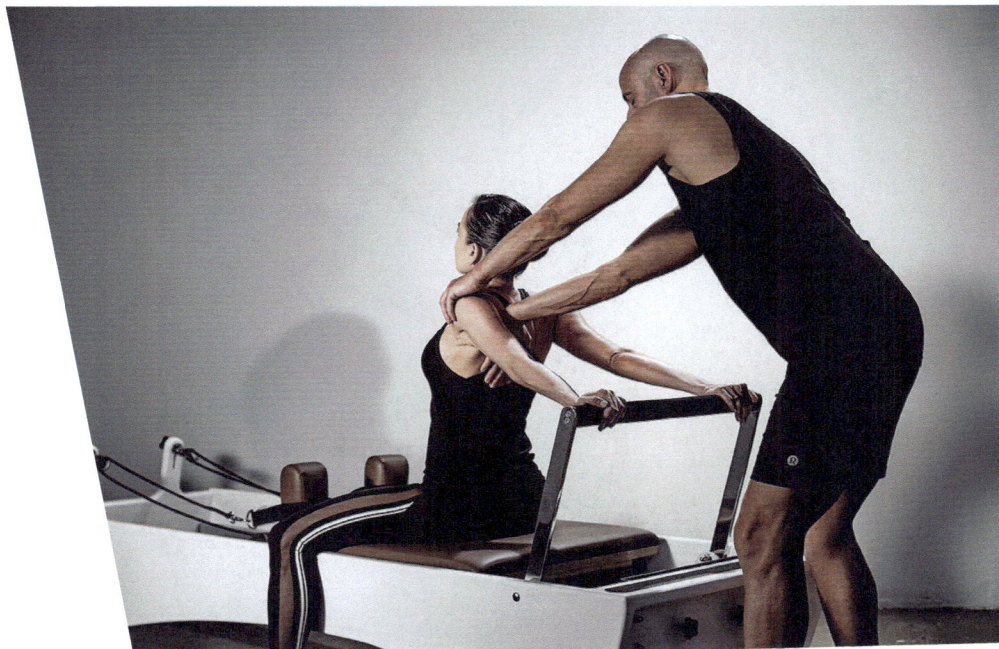

如何拉伸

如图所示坐好，并将双手放在脚踏杆上。双手间距靠近一些可获得更好的拉伸效果。收拢肩胛骨。挺胸并慢慢将滑板推离至目标肌肉达到紧张点（POT）。

如何收缩

双手下压脚踏杆。

如何再拉伸

挺胸，将滑板进一步推离。

需要注意什么？

- 避免胸部屈曲或拱起；
- 避免圆肩 / 肩胛骨前伸；
- 避免手臂内旋。

变式

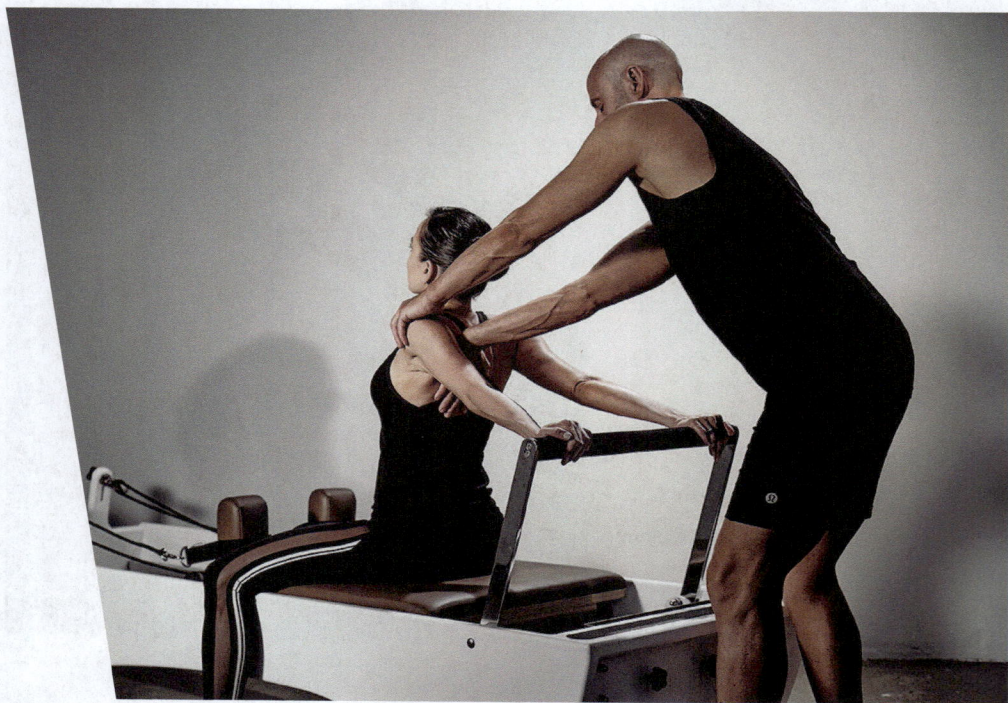

将头部和胸部转向紧绷的一侧的反方向。

如果有辅助者在场，让他将一只手放在练习者的肩胛骨上，并用力将其向胸部方向按压。然后，让他用另一只手放在练习者的肩部前侧，并将肩部向后拉。接着按照其他指示进行操作。

三角肌拉伸

- **适用人群：**任何人群 **弹簧强度：** 强
- **目标肌肉：**三角肌、菱形肌、斜方肌中束

A. 如何拉伸

按照图片所示站立或坐下。身体向远离绳索的方向倾斜，确保滑板不动。用空闲的手臂将对侧手臂拉向胸部。

A. 如何收缩

尝试将握住带子的手臂往远离胸部的方向挥动，就像打反手击球一样。

B. 如何再拉伸

挺胸并进一步远离绳索。将胸部向远离绳索的一侧旋转／转动。

C. 变式

尝试坐姿。身体向远离绳索的方向倾斜；保持手臂与胸部接触；用空闲的手按压在肩托上以增加倾斜的力度。按上述方法进行肌肉收缩。

冈上肌拉伸

- **适用人群：**任何人群 • **弹簧强度：** 强
- **目标肌肉：**冈上肌、三角肌

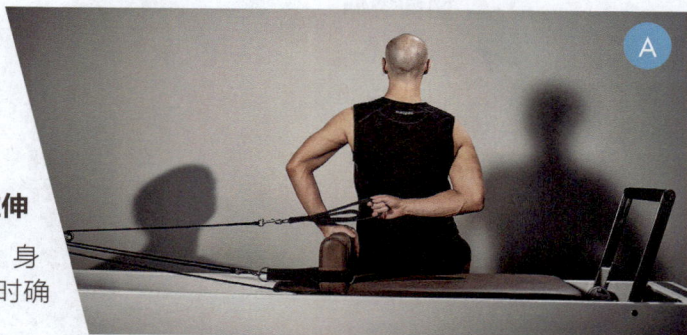

A & B. 如何拉伸

按照图片所示站立或坐下。身体向绳索反方向倾斜，同时确保滑板不动。

B. 如何收缩

试图将肘部拉离身体。

B & C. 如何再拉伸

用另一只空闲的手按压在肩托上，以增加向外倾斜的力度。

肱二头肌拉伸

- **适用人群：** 任何人群 ● **弹簧强度：** 强
- **目标肌肉：** 肱二头肌、肱肌、三角肌前束

A. 如何拉伸

按照图片所示站立或坐下；举起并伸直手臂；前臂旋前（拇指向下转）；身体向绳索反方向倾斜，同时确保滑板不动。

A. 如何收缩

尝试拉绳并弯曲肘部。

B. 如何再拉伸

进一步向远离绳索的方向倾斜。向远离手臂的方向转动胸部。

C. 需要注意什么？

- 避免拉伸侧手臂的肩膀内旋。
  - 不要让拉伸侧手臂下垂。
    - 防止滑板移动。
    - 图示 C 展示了如何保持良好的姿势。

第8章

分腿

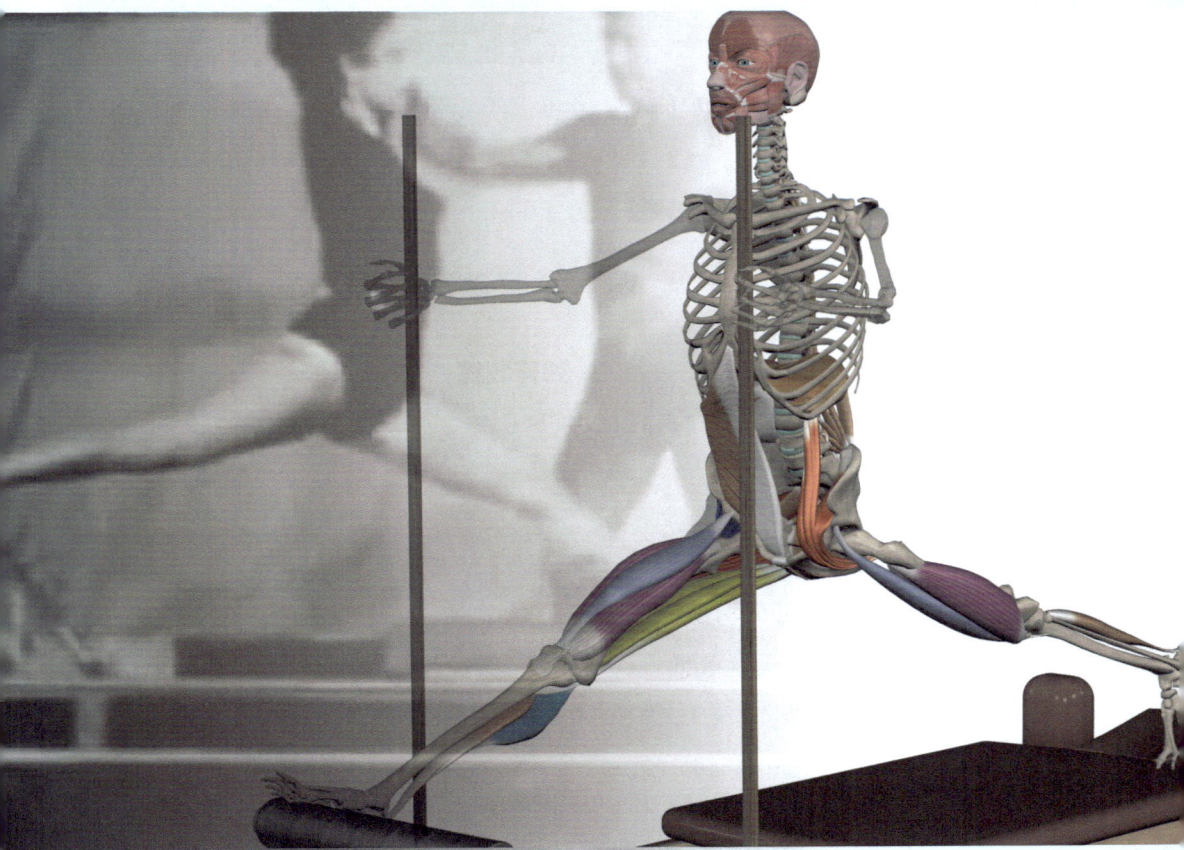

标准前分腿

- **适用人群：**高阶练习者 ● **弹簧强度：** 中
- **目标肌肉：**后腿的所有髋屈肌，以及前腿的腘绳肌和小腿肌群

A & B. 如何拉伸

按照图片所示站在普拉提床上；确保髋部摆正，髋部朝向正前方，保持骨盆处于中立或后倾位置。将髋部降低至目标肌肉达到紧张点（POT）。

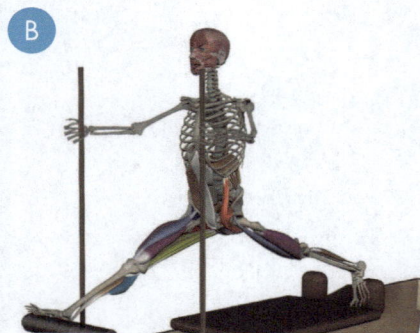

B. 如何收缩

双脚下压。

C. 如何再拉伸

进一步降低髋部；挺起胸部。

需要注意什么？

- 避免后腿外旋。
- 避免骨盆前倾。
- 避免身体向前倾，屈髋代偿。

腰大肌最高起始于胸椎的第 12 节椎骨，延伸到骨盆内部，在骨盆前方与**髂肌**结合，附着在股骨的小转子上。在这个姿势下，**股直肌**也会受到相当大的拉伸。

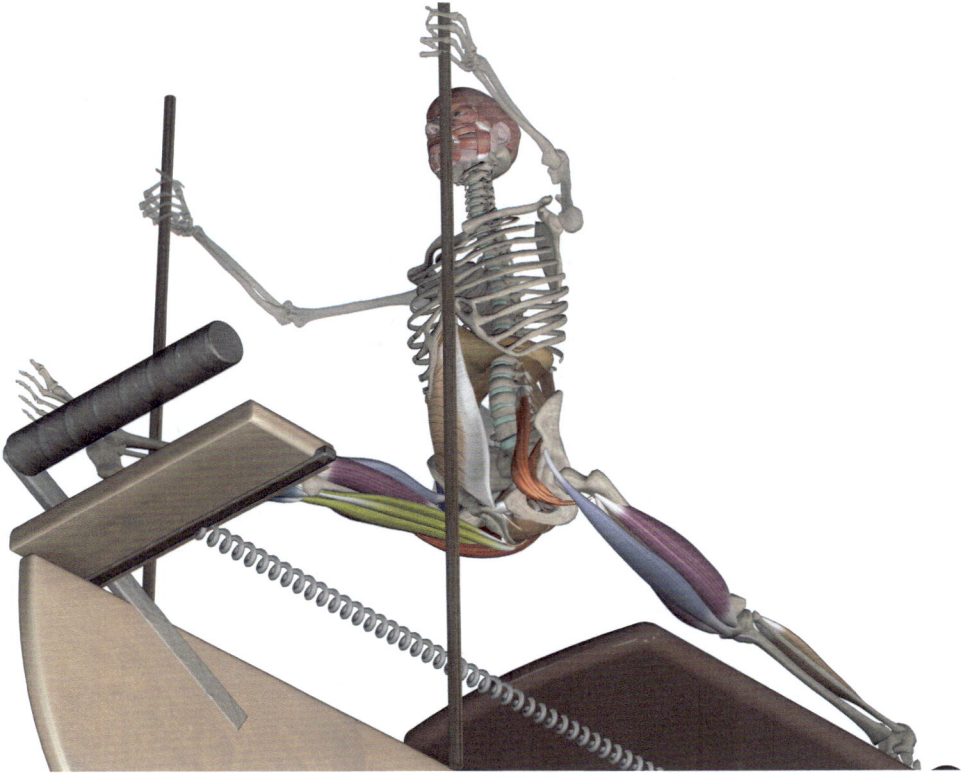

如果骨盆保持在正确的中立位置，那么**腘绳肌**将会受到有效的拉伸。腘绳肌的起点位于骨盆下方，并位于后侧。

变式

在传统的"舞者前分腿"动作中，后腿会进行外旋，同时，腰部过度伸展。这种姿态会使髋关节韧带变松弛，从而使动作看起来更完整，更接近完全劈叉。此时，后腿髋屈肌的拉伸感会减弱，而内收肌的拉伸感会更加明显。

屈腿前分腿

- **适用人群：**高阶练习者 ● **弹簧强度：** 中
- **目标肌肉：**后腿的所有髋屈肌，以及前腿的腘绳肌、臀大肌、大收肌

A & B. 如何拉伸

如图所示跪在普拉提床上；确保髋部朝向正前方；保持骨盆处于中立或后倾位置；在不伸直前腿的情况下，将髋部降低至目标肌肉达到紧张点（POT）；尽可能将后腿向后推。

B. 如何收缩

双脚同时用力下压。

C. 如何再拉伸

将后膝从滑板上稍微抬起一点并尝试伸直；然后尝试伸直前腿（图中未显示）。挺胸。

需要注意什么？

- 避免后腿外旋；
- 抬起后膝时避免髋部跟随抬起。

侧向分腿

- **适用人群：**高阶练习者 • **弹簧强度：** 中
- **目标肌肉：**全部内收肌、内侧腘绳肌

A & B. 如何拉伸

如图所示站在普拉提床上。将髋部降至目标肌肉达到紧张点（POT），允许骨盆向前旋转 /前倾。

B. 如何收缩

双脚同时用力下压。收紧股四头肌。

C. 如何再拉伸

用髋外展肌推动滑板，降低髋部。将重量转移到手臂上，允许腰部过度伸展。

需要注意什么？

- 注意膝关节或髋关节的疼痛。

变式：
为了专注于单腿拉伸

将胸部和肩膀转向一个方向……

然后转向另一个方向。

参考文献

Ahearn, G. 2008. *General Anatomy: Principles and Applications*. McGraw Hill. Australia.

Alter, MJ. 1996. *Science of Flexibility*. Human Kinetics. Australia.

Armiger, P. 2010. Stretching for functional Flexibility. Lippincott Wiliams & Wilkins. USA.

Chaitow, L. 1988. *Soft Tissue Manipulation*. Healing Arts Press. Rochester, Vermont.

Coulter, HD. 2002. *Anatomy of Hatha Yoga*. Body and Breath. Honesdale, USA.

Frederick, A, and Frederick, C. 2006. *Stretch to Win*. Human Kinetics. Australia.

Grilley, P. 2004. *Anatomy for Yoga*.

Jerome, J. 1987. *Fitness Stretching*. Breakaway Books. NY.

Juhan, D. 1987. *Job's Body*. Station Hill Press. NY.

Kapandji, LA. 1974. *The Physiology of the Joints*. Volumes 1–3. Churchill Livingstone. Edinburgh.

Kendall, HO. 1971. *Muscles, Testing and Function*. 2nd Edition. Williams and Wilkins. Baltimore.

Knott, M, & Voss, DE. 1968. *Proprioceptive Neuromuscular Facilitation*. Harper and Row. NY.

Kurtz, T. 1994. *Stretching Scientifically*. Stadion Publishing. USA.

Lederman, A. 2014. *Therapeutic Stretching*. Human Kinetics. Australia.

Long, R. 2005. *The Key Muscles of Hatha Yoga*. Bhandhayoga Publications. USA.

Long, R. 2008. *The Key Poses of Hatha Yoga*. Bhandhayoga Publications. USA.

McAtee, RE. 2007. *Facilitated Stretching*. Human Kinetics. Australia.

Myers, TW. 2009. *Anatomy Trains*. Churchill Livingstone. Sydney.

Neuman, DA. 2002. *Kinesiology of the Musculoskeletal System*. Mosby. USA.

Norris, C. 2004. *The Complete Guide to Stretching*. A & C Black Publishers. London.

Pilates, J. 1934. *Your Health*. Presentation Dynamics. Copywrited and reprinted 1988. USA.

Pilates, J. 1945. *Pilates' Return to Life through Contrology*. Presentation Dynamics. Copywrited and reprinted 1998. USA.

Richardson, JHH. 1999. *Therapeutic Exercise for Spinal Segmental Stabilization in Low Back Pain*. Churchill Livingstone. Sydney.

Sahrmann, SA. 2002. *Diagnosis and Treatment of Movement Impairment Syndromes*. Mosby. USA.

Tsatsouline, P. 2001. *Relax into Stretch*. Dragon Door Publications. USA.

Thompson, F. 1994. *Manual of Structural Kinesiology*. Mosby. Sydney.

Ylinen, J. 2008. *Stretching Therapy*. Churchill Livingstone. Sydney.

谢谢您！

亲爱的读者，

再次感谢您与我们一起继续追求健康的旅程。

愿您一如既往地保持轻松！

——来自安东尼、肯伊和格蕾丝温暖的问候

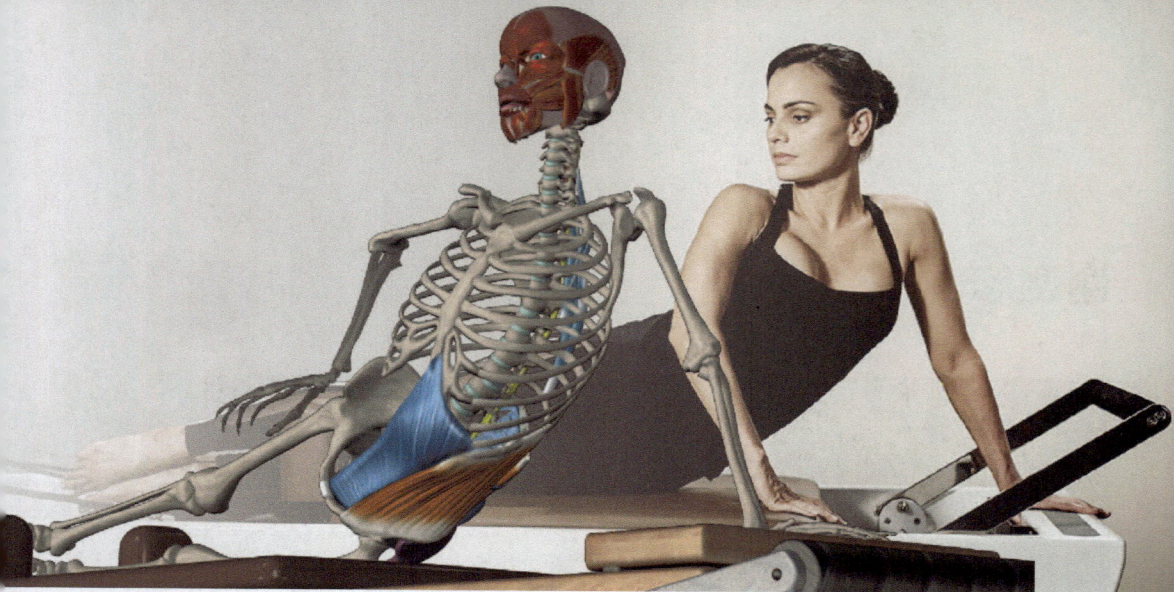

如果你拥有或使用普拉提床（Pilates Reformer），这本书是必备的！

无论你是刚开始你的普拉提之旅，还是已经练习或教学多年，《普拉提床拉伸训练解剖图解》都将成为一个宝贵的参考资源——它让你以全新的视角看待每一个练习。书中对一些经典动作的现代变式，以及一些全新的拉伸动作，都通过详细的解剖学全彩 3D 图形进行展示，带你深入了解每个练习。

通过清晰、简单、分步的指导语，这些已经经过 20 多年的尝试和测试，《普拉提床拉伸训练解剖图解》让你对每个动作背后的结构和原理有更深入的理解。你将能够在短时间内安全有效地学会和练习这些拉伸动作。

如果你对拉伸和解剖学感兴趣，那么这本书中惊艳的插图将向你展示每个肌肉的使用方式，位置的微小调整如何增强和减弱效果，以及呼吸和体位之间的关系。通过 70 多个练习及其解剖图、真人演示图，你可以针对特定区域进行拉伸、加强，并在此过程中发展自我意识技巧。

安东尼·莱特和肯伊·迪亚兹在过去几十年中，在超过 25 个国家教授了"创新普拉提"课程。他们是全球各地工作室和研讨会上的知名教师。安东尼是 BASI 普拉提高级教育的主任，BASI 普拉提是世界上最重要的普拉提教育机构之一。目前，BASI 普拉提遍布全球。

作者简介

安东尼·莱特（Anthony Lett）

安东尼是一位来自澳大利亚墨尔本的普拉提工作室负责人、教师、教育家和作家。他基于个人著作"创新普拉提"系列图书在全球开展研讨会，并担任 BASI 普拉提的高级教育主任，拥有哲学、运动科学、运动医学和临床解剖学方面的资质。安东尼已经在超过 25 个国家举办了研讨会和主题演讲，他是普拉提行业中领先的创造性思想家。

安东尼的三本书包含引人入胜的三维普拉提图像，并将骨科、理疗和瑜伽的方法与传统普拉提动作相结合。第四本题为"论普拉提"的书即将出版。

安东尼还创建了第一个"普拉提解剖学"认证课程，以及第一个 3D 打印的普拉提床。"普拉提解剖学"涉及三维解剖学视频，在骨骼模型上构建肌肉，以及探索在普拉提工作室场景中的功能解剖学。安东尼与妻子肯伊在巴拿马运河畔经营着一家工作室，并且在印度尼西亚的巴厘岛教授静修课程。

贡献者简介

肯伊·迪亚兹（Kenyi Diaz）

肯伊是一位来自委内瑞拉的专业普拉提教练，有舞蹈背景，接受过古典和现代普拉提的培训。肯伊于 2004 年开始教授普拉提，曾在澳大利亚、亚洲、欧洲、英国、南非和南美开设创新普拉提工作坊。作为一名资深的平面设计师，肯伊对所有"创新普拉提"教材做出了贡献，包括纸质书、电子书和视频。肯伊正在探究人类营养学方面的内容，特别是为健康而吃，为运动表现而吃，以及新兴领域"食物作为药物"的探索。

译者简介

林家琪

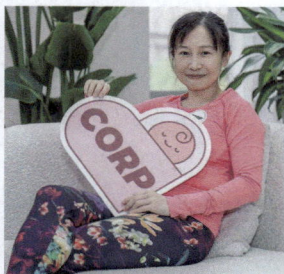

- 澳大利亚、香港注册物理治疗师。
- DMA 临床普拉提认证临床普拉提物理治疗师。
- 癌症运动研究院（CETI）认证高级癌症运动专家。
- 香港高等教育科技学院临床普拉提讲师。

王立娟

- 北京体育大学运动医学与康复学院教师。
- 毕业于北京体育大学康复医学与理疗学专业，曾赴美国南加州大学进行物理治疗专业的学习。
- 曾服务中国国家曲棍球队、中国国家拳击队。
- 主要从事骨骼肌肉系统的损伤预防与康复方面的研究工作，发表中文核心期刊和 SCI 期刊论文 10 篇，参编、参译著作 4 部，主持和参与各级、各类课题 10 项。

杨挺

- ETRE 健康发起人。
- 中国国际商会商业行业商会体育与健身产业委员会（COSFI）普拉提工作组发起人。
- 中国老年保健协会适老化健身教练工作委员会委员。

艾拉团队

· 由一群来自普拉提、康复、内容创作等领域的专业从业者组成，成员包括上述领域的教练、康复师、研究者和策划人等。

· 在做的事：用专业、有趣、有温度的方式，帮大家更好地认识身体、提升训练质量，包括相关课程研发、知识内容制作、国际课程引进等。

· 本书是团队推动"以多元视角看待身体与训练"理念的成果之一，出版目标是为大家提供优质的普拉提床拉伸训练工具书和更多训练灵感。

· 小红书：艾拉和朋友普拉提。